JN301533

イル・プルー・シュル・ラ・セーヌ

弓田亨

贈られるお菓子に真実の幸せを添えたい
孤高の味わいを作り上げた心の歴史とともに

ごあいさつ

弓田亨

　この本はある意味ではこれまでイル・プルー・シュル・ラ・セーヌが歩んできたお菓子作りの道筋を振り返るものです。

　それぞれの時期に、イル・プルーの顔であり続けた多彩な贈り物としての焼き菓子のシリーズです。

　これらのうちの、どれ一つをとっても食べる人に大きな満足感を与えない物はありません。これらのお菓子の90％は私のオリジナルであり、この日本で生まれた味わいなのです。様々なお菓子があります。そのうちのどれをとっても味わいの表情は異なります。それぞれに豊かな表情と物語があるのです。

　お菓子に限らず、一人の人間が作る作品はほぼ似通った方向性とトーンに縛られています。でも私が作る様々なお菓子は一つ一つが他とははっきりと異なる個性を持っています。一人の人間が作ったとは思えない様々な味わいの方向性とトーンを持っているのです。

　私は自分のつくる味わいは、私の人間性が作り出すと考えています。

　私の生まれおちてから辿ってきた人生の総体が今、様々の味わいを作り出すと考えています。

　特に激しく多感に喘いでいた頃に読んだ様々の本、そこから得た様々の人生、感情、そして時には私自身にも異常とも思えた感情の動き。これらすべてが私の心の奥深く、下り行き、年月の中でそれらは混沌と混ざり合い、そしてフツフツと醸成し続け、新たな私の表情となって今、意識の表面に浮き上がり、私に様々の表情のお菓子を作らせているのです。

　ある方からこんな手紙を頂きました。イル・プルー・シュル・ラ・セーヌのお菓子を久しぶりに代官山のパティスリーで食べました。とても心にしむおいしさでした。そして家に着いてからは涙が溢れ出てきました。私はこんな手紙に深い嬉しさを感じます。

　私のお菓子にはあの時の身をよじり、喘いだ、心捨てられた悲しみや幸せに身を震わす感情が味わいとなって現れているのです。

　この本に出てくるお菓子の全てが私の一部分であり、これを束ねたものが私という人間なのです。この本では今までよりさらに一つ進めてそれぞれのお菓子の味わいを作り出した背景、私の心の表情を一つずつなぞって言葉に表しました。私は、私の初めての著書『Pâtisserie francaise その imaginationⅠ』の中で、他の国で培われてきたフランス菓子を作る必然性など何もないこの日本で真のフランス的な味わいを作り上げるには、精神性が必要であると声を挙げました。しかしこれは殆どのパティスィエには特異な考えと眉をひそめられました。何故ならお菓子は配合によって作られるものであり、それが全てなのだ。配合に従って材料を量り、機械的に混ぜればお菓子は出来るものだと考えられていたからです。しかし、あれから30年近く経った今もこれは全く同じ状態に有ります。

　もちろん今でも「精神性がお菓子を作る」という考えは少しも変わっていませんし、完全な確信となって私のフランス菓子作りの中核となっています。

弓田亨（ゆみた・とおる）

1947年福島県会津若松市生まれ。1970年明治大学卒業後、熊本のお菓子屋「反後屋」に入る。その後、東京「プールミッシュ」工場長を経て1978年と1983年にパリ「パティスリー・ミエ」で研修。そこで生涯の友となるドゥニ・リュッフェル氏（現「パティスリー・ミエ」オーナー・シェフ）と出会う。フランス菓子協会よりその功績をたたえられ、金メダルと賞状を授与される。帰国後、フランスと日本の素材と技術の違いについて書いた『イマジナスィオンⅠ』1985)を自費出版。レシピ至上主義だった日本の菓子業界に旋風を巻き起こし、今でもパティシエのバイブルとして読み継がれている。1986年、代々木上原に「ラ・パティスリー　イル・プルー・シュル・ラ・セーヌ」を開店。1995年代官山に移転。現在もフランス菓子教室で教えるとともに、全国での技術講習会、海外での食材探しなど、真実のフランス菓子のおいしさを追究し続け、自ら「日本一のおいしさの菓子屋」を自負する。また近年は日本の食が異常に変質していることに気づき、日本の家庭料理を立て直す「ごはんとおかずのルネサンスプロジェクト」にも力を注ぎ、講演活動なども行っている。

読者の皆様へ　　　　　　　　　　　　　　　　椎名眞知子

　今から25年前、代々木上原の小さなフランス菓子店で初めて食べたシブーストゥ・ポンム。そのおいしさは一言では表せないけれど「感動」そのものでした。買って帰ったロトンヌ。その圧倒されるパートゥ・フイユテの味わいと食感がクレーム・ダマンドゥに包まれた一粒の栗の込められた思いと重なり、響き合う。そんなお菓子との出会いから、お店に足繁く通うようになりました。

　お菓子作り初心者の私がイル・プルー・シュル・ラ・セーヌのお菓子教室に通うようになり、フランス菓子を作ることの喜びを知りました。そして今、私は教室で弓田が作り上げたお菓子の味わいを生徒さんに伝えるための仕事をしています。

　パティシィエとしての弓田亨の凄さを最も感じるのは、年に一度開催している弓田亨の新作菓子発表会「イル・プルーの1年」の試作している時です。一つのお菓子を作り上げるまでに何度も繰り返し試作をし、自らの頭の中にあるお菓子のイメージへと近づけていくその執念は、傍で見ていても凄まじいものがあります。そして出来上がったお菓子のおいしさに、また驚きます。

　しかもルセットゥ（レシピ）は一度完成したらそれで終わりではありません。材料が変わればその都度試作をやり直しますし、常に一番おいしいと思える配合、作り方でルセットゥが更新されていくのです。

　世の中より10年も20年も先をいっている弓田の生き方は、時には世の中に受け入れられるまで長い時間を必要とします。その時間を少しずつ先に進め、埋めていく努力をすることが私の役割と思っています。

　今では「お菓子作り」の枠組みを超え、日本の食全体を覆う「偽りのおいしさ」を取り除き、心と身体を本当に幸せにする「真実のおいしさ」を理解してもらうために、より大きな食の領域の活動へと広がりをみせています。

　そして私が初めてイル・プルーのお菓子と出会い、感動し、この道に入ったように、今、同じようにイル・プルーのお菓子と出会い、その味に感動して菓子作りを学んでいる生徒さんたちの力になれるよう、日々頑張っています。

　この本には、個人的にも大好きなお菓子がたくさん載っています。
　暖かく滋味あふれるくるみのおいしさがお気に入りのギャレットゥ・ノワ。
　アーモンドと砂糖の歯触りが最高の西洋かりんと。
　82歳の母が毎年楽しみにしているクリスマスのマンデル・シュトレン……。
　お菓子作りを仕事にした今も、私のお菓子好きは変わりません。そして授業後、スタッフとのお茶の時間に食べる授業で作ったお菓子。スタッフたちと「おいしい！」と歓声を挙げながら食べるひとときは、私にとって、とても楽しみな時間です。

　この本に載っているお菓子を作ってぜひとも大切な方に贈ってください。きっと頂いた方の心に響き、元気を届けられることでしょう。そしてもっとイル・プルーのお菓子を作ってみたいと思った時は、迷わずイル・プルーの教室の門をたたいてください。お待ちしています。

椎名眞知子（しいな・まちこ）
イル・プルー・シュル・ラ・セーヌ　フランス菓子・料理教室
副校長

山梨県甲府市生まれ。小さい頃から菓子・料理作りに興味を抱き、短大卒業後料理学校へ。その後主婦として、母として、家庭のために料理をブラッシュアップ。そして弓田亨のお菓子と出会い、イル・プルー・シュル・ラ・セーヌのお菓子教室1期生として学ぶ。1995年より教室スタッフとなり、リュッフェル氏がオーナー・パティシエを務める「パティスリー・ミエ」他で研修。現在は副校長として、弓田亨のルセットゥ（レシピ）の味を守り、伝える"イル・プルーの柱"的な存在。2012年4月〜2013年3月まで柴田書店『café-sweets』にてイル・プルーが提案するカフェメニューを連載。また近著にフランス料理教室から一冊にまとめた『ちょっと正しく頑張ればこんなにおいしいフランスの家庭料理』、より手軽においしいデザートが作れるよう簡単なルセットゥ作りに取り組んだ『一年中いつでもおいしい　いろんな冷たいデザート』（共著）などがある。

目次

ごあいさつ　弓田亨 … 2　読者の皆様へ　椎名眞知子 … 3

イル・プルー・シュル・ラ・セーヌの焼き菓子は何故こんなにも旨いのか … 6

シンプルな焼き菓子ほど素材が大切である … 10

作り方に合った道具を選ぶことも菓子作りの基本 … 14

泡立て方と混ぜ方について 🅓 … 16

水様化卵白 … 22

お菓子を作る前に必要な準備など … 23

作り置きが出来てよく使うパーツ … 24

第1章
開店から今までずっと、常にイル・プルー・シュル・ラ・セーヌの顔
〜こんなに多くの素晴らしい味わいの表情　ダックワーズとクッキー〜

26

アーモンドプラリネのダックワーズ	27,28	チョコレートのダックワーズ	27,42
アーモンドプラリネのダックワーズ（キッチンエイド仕込み）	32	松の実のダックワーズ	27,44
		バトネ・フロマージュ	46
コーヒーとキャラメルのダックワーズ	27,34	サブレ・ノワ・ドゥ・ココ	50
柚子のダックワーズ	27,36	サブレ・ショコラ	50,54
ココナッツのダックワーズ	27,38	サブレ・プラリネ	50,56
マロンのダックワーズ	27,40	テュイル・オ・ザマンドゥ	58

第2章
驚かずにはいられない、一人のパティスィエが作り上げた、果てしなく広い味わいの世界
〜店の歴史そのものの、とびきりのおいしさの数々の懐かしいお菓子から新作まで〜

62

ポンス・ノワゼットゥ	63	ギャレットゥ・ノワ	84,85
サブレ・デュ・マンディアン	66,67	あくの強いチョコレートと塩味のクッキー	84,87
パレ・オ・プラリネ・アマンドゥ	66,69	クレオル	90
ビスキュイ・ア・ラ・キュイエール・ナチュール	72,73	リーフパイ	94,95
ビスキュイ・ア・ラ・キュイエール・オ・テ	72,75	ラング・ドゥ・ブッフ・ア・ラ・キャネル	94,98
ビスキュイ・ア・ラ・キュイエール（キッチンエイド仕込み）	76	西洋かりんと	100
		ピーナッツのクッキー	104,105
チーズとアーモンドの塩味のクッキー	79,80	ナッツのクッキー	104,108
チーズとアーモンドのカレー味のクッキー	79,82	チョコレートとナッツのクッキー	104,110
		かぼちゃのクッキー	104,112
		パン・オ・フリュイ・セック	116

弓田亨コラム … 61,78,103,115,137,149

弓田亨が自らの足と舌で捜したイル・プルー・シュル・ラ・セーヌの秀逸そのものの素材 … 204
イル・プルー・シュル・ラ・セーヌのご案内 … 206

第3章
フランスの昔からのお菓子も、この日本でさらに豊かな表情を見せる
～本場よりもおいしいと言わしめた数々の味わい～

120

フィナンスィエ …………………… 121,122	パートゥ・ドゥ・フリュイ・フランボワーズ …………………… 156,157
ガレットゥ・ブルトンヌ …………… 121,125	パートゥ・ドゥ・フリュイ・カシス …… 156,159
マドゥレンヌ ……………………… 121,127	パートゥ・ドゥ・フリュイ・マンダリン … 156,159
ガトー・ウイークエンドゥ ………………… 129	パートゥ・ドゥ・フリュイ・バナーヌ …… 156,160
オレンジのフール・ポッシュ ……… 132,133	パートゥ・ドゥ・フリュイ・パスィオン … 156,161
アーモンドのフール・ポッシュ …… 132,135	パートゥ・ドゥ・フリュイ・マングー … 156,161
松の実のフール・ポッシュ ………… 132,136	マンデル・シュトレン ……………… 162,164
ガトー・バスク ……………………… 138,131	マンデル・シュトレン（大量仕込み）………… 168
ガトー・バスク・オ・ショコラ ……… 138,142	ビルヴェッカ ………………………… 162,170
アンガディーネ ……………………………… 144	ポルボロン …………………………………… 173
ヌガー・ドゥ・モンテリマール ……… 150,151	パンデピス …………………………………… 176
ヌガー・ドゥ・モンテリマール・ショコラ … 150,154	
ヌガー・ドゥ・モンテリマール・ピスターシュ ………… 150,155	

第4章
基本となるパートゥとクレーム

179

パートゥ・シュクレ ………………………… 180	クレーム・パティスィエール ……………… 194
パートゥ・ブリゼ ……………………………… 183	クレーム・オ・ブール ……………………… 196
パートゥ・シュクレ（キッチンエイド仕込み）………… 186	クレーム・オ・ブール（キッチンエイド仕込み）………… 198
パートゥののし方とフォンセの仕方 🅓 …… 188	クレーム・ダマンドゥ ……………………… 200
パートゥ・フイユテ・ラピッドゥ …………… 190	ムラング・イタリエンヌ …………………… 202

イル・プルー・シュル・ラ・セーヌのお菓子は
何故こんなにも旨いのか

　これまで常に述べてきましたが、フランスと日本の素材の間には、あまりにも大きな違いがあります。

　日本の素材は豊かで幅の広い栄養成分が乏しいために、味わいがとても希薄で平坦にすぎるのです。そして味わいだけでなく、物理的、化学的性質まで大きく異なります。

　フランスと同じ配合や技術で作っても、フランスで食べたあの豊かな味わいを再現することは出来ません。しかし日本のほぼ100％に近いパティスィエはこのことに目をそむけて本来のフランス的な味わいとは全く異なる、表情を持たぬフランス菓子を作り続けています。

2つの国の素材の違いの調整には
あまりにも過酷な意識の持続が必要

　それでは何故、パティスィエはフランスと日本の素材の違いを克服しようとしないのか。それはあまりにも長い年月と過酷で鮮烈な意識の持続が必要だからです。「何とか自分なりに2つの国の素材の違いを調整出来たかな」と思えるまでは、初めての渡仏からさらに15年ほどの歳月が必要でした。それほどに素材の違いは大きすぎるのです。

　そしてこの違いを克服するのには、科学的で論理的な考え方が必要になります。素材の物理的化学的違いを分析し、理解するには私が中学で習った最低限の理科的知識は必要なのです。表面張力、毛管現象などの極めて初歩的な知識で十分なのです。何故ならパティスィエにとっては、意識の外で行われている化学的な現象を分析することは必要なく、人間の口、舌、味わいの感覚においてはどう感じるかという極めて大雑把な、ある意味では曖昧な領域での分析だからです。

　表面張力、毛管現象などの初歩的な知識があり、これを論理的に駆使すれば、私たちの舌に感じることは多少の曖昧さはあっても必要な範囲のことは十分に理解することが出来ます。

豊かなイメージを心の中に築き上げる

　次に必要なのは、フランスの素材、お菓子の味わいをどれだけ鮮烈に、微に入り細に入り、記憶しているかということです。私は初めてのフランス滞在は1年でしたが、執念をもって食べ込みました。執念をもって、素材、味わいのイメージを築き上げようとしました。例えば苺です。日本とフランスの苺にはあまりにも大きな味わいの違いがあります。

　フランスの苺を一度食べれば、いかに日本のものが水っぽくて味わいも希薄で平坦か分かります。単純に考えればフランスで食べたあの苺のおいしさをもったお菓子は日本では再現できないことになります。しかし私はこう考えます。

　苺を食べる度に心に浮かんでくる様々な言

葉で事細かくノートに記していきました。これを3度もすると殆ど苺の味わいは記しつくされてしまうと思えます。でもさらに何度も食べるのです。そして常に何か新しいおいしさの表情がないかを「捜しながら」食べるのです。気がつけば1年の間に大きなノート2ページにビッシリと苺の表情が書き込まれました。この記入された総体がやがて私の苺のイメージとなるのです。これは実際にフランスで食べた苺よりももっと大きなイメージの総体なのです。

このイメージがパティスィエの心の中にあれば、フランス的な味わいは可能になります。

イメージが技術と味わいを築き上げる

フランスで出会った素材と味わいに向かって、いつ果てるともしれないフランス菓子作りが始まります。もちろん、日本にはフランスのように豊かなおいしさの表情を持った素材はありませんから簡単にはいきません。しかし決して諦めることのない執着心を持ち、心と身体の全てを注ぎ込みます。それは私にとってもとても果てしないものでした。それから逃げようと、毎夜の多量の酒。今考えればほぼアルコール依存症の状態が続きました。

でも私のしつこさは並はずれていました。

少しずつ、自分の中のイメージへと近づいていきました。今の私のお菓子作りの全ての技術、考え方は、この過程で築き上げられたものです。私が今、お菓子教室で教えている技術体系は以前からあったものではありません。イメージに近づいていくために必然的に新たに私の中で生まれたのものなのです。豊かで鮮烈なイメージが技術と配合を作り上げるということは、このことです。

技術がどう味わいに影響するかの
日々の研究

そしてもう一つの大事な訓練が必要なのです。これはフランスへ行く前に日々の仕事の中で身につけなければいけないのですが、やはり殆どのパティスィエはこれを怠っているのです。例え豊かなイメージと科学的な考え方があったとしても、今していることが自分が目指している味わいに向かっているのか、そうでないのかを理解するためには、そのパティスィエ自らが出来上がったお菓子を常に食べなければ分かりません。しかし本当にパティスィエはお菓子を食べない。自分の仕事に対して無責任な者が多すぎます。

私は熊本にある「ブローニュの森」の鍬本さんと会って以来、ずっと自分の作ったものは可能な限り食べてきました。スポンジ生地を作ります。今日はいつもより熱い牛乳を加えてみた。今日はいつもより少し手早く粉を混ぜてみた。混ぜる回数を10回多くした。表面の焼き色をいつもより少し濃く焼いた。これらのことがどう味わいに影響するのかを、必ず仕上げ

の時に出る生地のたち落としを食べて考えるのです。これも執拗に毎日続けなければなりません。

今、私の頭の中には、混ぜる時の木べらの動きを早くすれば、あるいは泡立ての時の卵液の温度が高ければ最後に出来る生地の歯触り、味わい、口溶けはどうなるかということが全て刻み込まれています。

豊かなイメージ、科学的論理的な考え方、最終的な味わいを得るための訓練がフランス以上のフランス菓子を作る

これら3つのものが備わるにつれて、私なりのフランス的な味わいは次第に形をなしてきました。そしてそれは十分食べる人の心を動かし、大きな喜びを与えるおいしさでした。間違いなくそれまでは日本には存在しなかったおいしさでした。1つ目の店には普通のお客様と共に実に多くのパティスィエが来られました。そしてその味わいに多くの人が驚かれました。

「ただおいしいのではない。五感が大きな感動に包まれました」

このような言葉をどれだけの方から頂いたか分かりません。しかしこれではまだ十分ではなかったのです。

よくお菓子作りの基本は1番目が素材であると言われます。確かに日々の家庭料理では栄養素豊かなものをたくさん加えれば、よほど理屈に合わない調理の仕方をしない限り、食べられないほどまずいものは出来ません。しかしお菓子は違うのです。これは料理は身体への栄養素の補給のためにあり、お菓子は栄養素の補給だけでなく精神的なおいしさが加わるからです。

例えどんなによい素材を並べても、お菓子の作り方が悪ければ、とんでもなくまずいものが出来てしまうのです。お菓子では、よい素材でも技術が悪ければ、悪い素材をよい技術で作ったものより格段にまずいものが出来てしまうことがよくあります。これが今の日本の多くのお菓子屋さんの味わいなのです。

しかし未だ、味わいに暖かさ、安心感がない

こうして食べる人を感動させる技術と味わいが出来上がりました。しかし未だ何かが足りないと感じるようになりました。この思いは日増しに大きくなってきました。悪い素材でも確かに人を感動させる味わいは出来ますが、食べる人に暖かな、幸せと安心感を与えることは出来ないことを少しずつ理解し始めました。

何よりも素材が悪ければイメージを築き上げるためにはより細やかな考え方、技術が必要になります。食べる人に与えていた感動とは実はお菓子には本当は必要のない、作り手からの一方的に押し付けていた緊張感でないのか。次第にそう考えるようになったのです。そして、

やはりよい素材で自分ももっと楽しくお菓子を作り、食べる人に安心感のあるおいしさを感じてほしいと思うようになりました。

自分の舌が納得する素材を捜す

こんな思いが何もないところからの、自分の足と舌でお菓子作りの素材を捜し出す、フランス、スペインからの素材の輸入へと繋がったのです。日本には多くのお菓子のための素材や食材が輸入されています。しかしその殆どは、日本人の無知さにつけ込まれた手抜き商品なのです。でも誰もこのことを知りません。よい素材は人任せでは決して手に入らないことをずっと思い知らされてきました。

でも何とかよい素材でもっと心暖まるお菓子を作りたい。その一心が無謀な輸入業務を私に押し付けてきたのでした。現在は何とか形がつきましたが、筆舌に尽くしがたい困難の日々が続きました。よくも会社が潰れなかったよなというのが唯一の実感です。

よい素材とはおいしいもの、つまり豊かな幅の広い栄養素を含んでいるもの

私が捜し求めたよい素材とは、もちろん食べてとびきりおいしいものです。

おいしいということは、私たちの身体の細胞が必要としている豊かな栄養素を含んでいる素材です。

それまでの技術によって作られたおいしさは、ある意味では栄養素が豊かではないのに豊かであると錯覚させてしまう偽りの味わいを作り上げることであったと思います。

しかし悪い素材で築き上げられた正確な技術を使い、よい素材でお菓子を作り上げればそこにはフランス以上の本当のおいしさが生まれます。味わいは表面的な感覚からの感動だけではなく、身体中の細胞が満足感に満たされる、暖かくふっくらした安心感に満ちた充足感が得られるのです。

これがイル・プルー・シュル・ラ・セーヌのお菓子が、他に比べる物のないおいしさの仕組みなのです。フランス的なおいしさへの鮮烈なイメージ、フランス・日本の素材を克服した比類なき執念によって築き上げられた技術体系、そして無謀と思われながらも可能になった自らの舌で捜し輸入した秀逸な素材。これらが1つの力となってイル・プルー・シュル・ラ・セーヌのお菓子を作り上げています。

正に心と身体へのたっぷりの栄養。これが全てなのです。

シンプルな焼き菓子ほど素材が大切である

豊かな味わいの発酵バター

フランスでは家庭で日常的に食べるバターも発酵バターです。発酵バターは牛乳から取り出した脂肪をはじめとする様々な成分に乳酸菌を加え、発酵させたものです。乳酸菌の力でバターに含まれる成分を変化させ、旨味、栄養素の幅を広げています。乳酸発酵によって脂肪を燃焼、消化しやすい状態にしてくれます。一度おいしさを知れば、日々パンに漬けるバターも、もう発酵バターしか食べられなくなります。匂いがあるということは豊かな栄養素を含んでいる証です。私共では明治の発酵バターを使っています。

またバターには薄く薄く伸びる伸展性と水分を吸収する力、吸収力もパイを作ったりパートゥ・シュクレを作ったりする時に大事な特性です。日本のバターはフランスのものと違って、加熱され一度でも柔らかくなってしまうとバターの中の融点の異なる脂肪球の混ざり具合が壊され、この二つの力は著しく失われてしまいます。ずっと5℃以下、あるいは冷凍されていた、一度も柔らかくなっていないバターを使うことはお菓子を作る上で大事なポイントです。
また必ず5℃以下に冷えた冷蔵庫に入れて保管してください。長時間5℃以上のところに置くと、やはり脂肪球の均一な混ざり具合が徐々に壊れてしまいます。

単に甘みだけではない。
様々な役割がある砂糖類

普通フランス菓子にはグラニュー糖を使いますが、時にはお菓子の味わいを豊かにするために赤砂糖（キャソナッドゥ）や黒砂糖、蜂蜜、上白糖などを使うことがあります。上白糖は日本だけのものであり、グラニュー糖の主成分であるショ糖の結晶の表面に、転化糖のシロップを付着させたものです。

転化糖には上白糖の他に、水飴、蜂蜜、果糖、乳糖などがあり、これらはショ糖よりも甘みも強く、保湿性も高くなります。またこれらを加えると短時間でより強い焼き色がつきます。

また砂糖類には単に甘味をつけるという目的だけでなく、卵白に加えて泡立てると卵白に溶けて粘りが増し、ムラングを強いものにして

くれます。またパートゥの歯触りを柔らかくしてパートゥの中に浸透していくことにより、パートゥが唾液に溶けやすくなり、口溶けをよくしてくれます。

豊穣の極み。
私の感覚を揺さぶるスペイン産アーモンド

スペインの全ての土は今も豊かなミネラルを含んでいる、これが初めてのスペインの旅の印象でした。そして陸の産物ばかりだけでなく、魚やイカなどの海産物も本当に旨い。このことは陸から下る豊かな栄養素を含んだ雨水は陸を潤し、海は陸によって生かされている、"陸は海のかけがえのない母"だということを学んだ旅でもありました。スペインで生産される豊かなアーモンドの味わいはアメリカ産との比ではありません。現在スペインには100種類以上のアーモンド種が栽培されていますが、なかでも品質の高いアーモンドとして知られるマルコナ種、ラリゲータ種、バレンシア種などが日本に輸入され、製菓業界で幅広く使用されています。さらにスペインの土地の中でもカタルーニャの内陸の地レリダには、さらに豊かなミネラルが含まれていたのです。

レリダはもともと土中に豊かなミネラルを含み、雨もたまにしか降らず、ミネラルも流されることなく温存されています。アーモンドやオリーブの木は水分を求めて地中深く根を張り、より豊かなミネラルを吸い上げ、スペインの中でも、最上の味わいのマルコナ種を作り上げます。初めてのフランスでの菓子作りの勉強の時に、こんなに味わい豊かなスペイン産のアーモンドをぜひ日本で使ってみたいと私に思い込ませた「パティスリー・ミエ」でドゥニさんが使っていたアーモンドも、偶然ではありますが、アリクサ社のものでした。私の選択は正しかったと確信することが出来ました。フィナンスィエ、ビスキュイ、ブラン・マンジェ、その他さまざまのアーモンドを使ったお菓子のおいしさが、今までとはまったく変わり、さらに、おいしくなりました。これも私にとって決してなくてはならない素材の1つです。(→詳しくはコラム P61へ)

ルゴルさんのオ・ドゥ・ヴィ、
ジョアネさんのリキュール

どうしても日本で手に入る素材では、主題となる素材の印象を弱めるように働いてしまいます。例えばフランボワーズのババロワを作る場合、日本の卵は、味わいが希薄であると同時に飼料に加えられている鰯の魚粉の匂いが卵黄に残っているためにフランボワーズの味わい、香りを隠し、濁ったものにしてしまいます。また日本の生クリームには、素材の特性を助けるカラッとした温かい味わいがないので、フランボ

ワーズの果汁と混ぜるとやはりかなり印象が消されてしまいます。

そこで、フルーツの味わいそのものが生きているリキュールは、香り、味わいのために、オ・ドゥ・ヴィは香りをより印象的にするために加えて、全体のフランボワーズのイメージを高めてやらないと食べる人の心を動かすおいしさは作り出せません。

フランスから比べれば、はるかに素材の品質がよくないこの日本では、よいフランボワーズのピューレとともに、秀逸なリキュール、オ・ドゥ・ヴィが必要なのです。

ルゴルさんのオ・ドゥ・ヴィ、ジョアネさんのリキュールは、秀逸の極みであり、私のお菓子作りには、この二つの素材を欠くことは出来ません。（→詳しくはコラム P78 へ）

舌ざわり、口溶け、味わいに
少しも切れ目がなく
力を持った味わいのチョコレート

ペック社は年産1000トンの小さな工場です。正に個性豊かな力をもったカカオ豆が集められています。小さな生産量だからこそ、良いカカオ豆を密度高く使えるのです。そして何よりペック社のチョコレートは、社長ドゥルシェ氏のチョコレートへの想いが熱く伝わってくる、極めて理知的な、私の心を揺さぶる味わいでした。芯のある鋭さそのままの香りをもった"スーパー・ゲアキル"、上品な深い慎ましさをたたえた"アメール・オール"、両の頬がうれしくゆるむ優しいおいしさの"ラクテ・エクストラ"、例えようのない懐かしさに満ちた慈愛をたたえる"ショコラ・イボワール"…。さらに、それらのチョコレートで作ったお菓子は私に、あまりにも大きな驚きを与えました。それまでのお菓子がまったく異なる表情に変わってしまったのです。香りが、味わいが、凛としていて、私の舌の上に、鼻孔で開くのです。それは、すべてのチョコレートのお菓子に、新たに命を与

える味わいでした。ここから私のチョコレートのお菓子は一点の曇りもない味わいとなりました。皆さんは自分の感覚でチョコレートの味わいを理解することが出来ますか？　まずは他のチョコレートとペック社のチョコレートをぜひ自分の舌で食べ比べてみてください。そしてクラシックなガトーショコラその他のお菓子を作ってみてください。あなたが今、最高においしいと思っているチョコレートとのあまりの味わいの違いに愕然とするでしょう。それが真実なのです。有名シェフだからといって決して彼らの言うことを鵜呑みにしてはいけません。彼らもフランス人シェフがそう言っていたから旨いんだという程度の力しかありません。この日本には、私以上に素材の力を正しく分析できる人は一人もいません。（→詳しくはコラムP103へ）

味わいの最も大事な要素、
香りを支えるマダガスカル産バニラ

人が物を食べる時、「香り、味わい、食感」この三つの要素の中で最も大事なのが香りなのです。人間のDNAの情報の中には無限の食べ物に関する良い情報、悪い情報が蓄積されています。まず香りは目の前にある食べ物が、これを食べても命をおびやかすものか、身体に良いものかを見極めようとします。もし毒を誤って口に入れてしまえば、それで命は停止してしまうので、あらん限りの情報を駆使して判断しようとします。口に入れて大丈夫と判断した場合も、実際に噛んでみた食感によって、さらに安全性を確かめようとします。そして舌に感じる味によっても、更なる最終的な確認をします。栄養素が豊かに含まれていて、これは体内にたくさん取り入れるべきものだと判断したものには、安堵と充足の感覚が生まれます。これがおいしさなのです。また本当においしい、心を打つお菓子や料理には必ず印象的な匂いがあります。私共イル・プルー・シュル・ラ・セーヌのお菓子・料理は、もちろん食感、味も大事ですが、匂いを特に大事なものと考えています。私共の食べる人の感覚に訴えるおいしさには必ず豊かな香りが感じられます。食感や味は変わらなくとも、本当に良い香りを加えると、全体のお菓子の味わいが生まれ変わってしまうのです。特に日本の生クリーム、牛乳、卵その他の素材は味わい、香りが乏しいので、フランスでお菓子を作る時以上に、バニラエッセンス等の香りの使い方が大事になります。（→詳しくはコラムP115へ）

作り方に合った道具を選ぶことも菓子作りの基本

少量で作るために最適な器具を選ぶことが、おいしいお菓子作りの第一歩です。

○量る

デジタル秤 ⓐ
1g 単位で1kgまで計れ、風袋機能付きのものと、凝固材やリキュール、塩、香料など0.1g単位で計れる微量計があるとよいでしょう。

ストップウォッチ ⓑ
曖昧になりがちな泡立て時間や加熱時間を正確に計るのに使います。

温度計
（100℃計／200℃計）ⓒ
温度管理はお菓子作りで最も重要な要素です。体感温度に頼らず正確に計ります。

○ボウル

深大ボウル ⓓ
ハンドミキサーでの泡立てに使うボウルは深めでかつ側面が底に対して垂直に近いものを選びます。
直径 20cm、高さ 10cm。

手つき中ボウル ⓔ
比較的少ない量をハンドミキサーで泡立てる時に使います。
直径 14cm、高さ 8cm。

深小ボウル ⓕ
少量をハンドミキサーで泡立てる時に使います。
直径 13cm、高さ 9cm。

ボウル ⓖ
ステンレス製。直径 12cm〜27cmまで、3cmごとにサイズがあります。混ぜ合わせる材料の量がボウルの容積の 80%ぐらいになるように使います。

○ふるう、こす

こし器（大・小） ⓗⓘ
茶こし ⓙ
練り上げたクレーム・アングレーズの裏ごしや粉をふるう時に使います。直径約 20cm の大きなものと、少量を裏ごし出来る小さいタイプがあると便利です。茶こしは粉糖などを仕上げでふるときに使います。

○混ぜる、泡立てる

ハンドミキサー ⓚ
低速・中速・高速の3段階に調節でき、ビーターが2本セット出来るものを使います。

木べら ⓛ
先が細めのタイプが使いやすいです。
（大）長さ 25cm、（小）長さ 20cm。

エキュモワール ⓜ
イル・プルーのオリジナル。別立てのパートゥを混ぜる時に使います。ムラングの泡をつぶさずに混ぜられます。

ゴムべら ⓝ
ゴム部分が硬めのもの、柔らかいもの、大小サイズを揃えると便利です。パートゥやクレームを無駄なく移したり、ボウルの内側についたパートゥを払う時などに使います。

ホイッパー ⓞ
柄が握りやすく、ワイヤーのしっかりしたものを選びます。大きいものは中〜大ボウルに、小さいものは小ボウルに使います。
（大）長さ 24cm、（小）長さ 21cm

カード ⓟ
パートゥをまとめたり切り分けたり、クレームをすくう時などに使います。

○加熱する

手つき鍋 ⓠⓡ
銅製の手つき鍋はムラング・イタリエンヌのシロップや少量の果汁を煮詰める時などに使います。
(中) 直径 12cm、(小) 直径 9cm。

銅ボウル ⓢ
熱の伝わりが柔らかいのが特徴。厚手で底がややとがった丸いものを選びます。本書ではクレーム・パティシィエールを炊く時や、キャラメルを作る時などに使います。
直径 24cm、高さ 13cm。

金網＆セラミック網 ⓣ
金網は小鍋でも加熱できるようにコンロに合わせたサイズを選びます。ガラスボウルを使う時は火のあたりを和らげるために必ず金網とセラミック網を重ねて使います。

耐熱性ガラスボウル ⓤ
クレーム・アングレーズを炊く時などに使います。フランスでは通常比熱が大きくガスの火が優しく伝わる銅製のボウルや鍋を使いますが、日本では鶏卵の飼料に鰯の魚粉を使っていることが多く、化学的に不安定な銅製だと鰯の匂いや味わいが強くなるため火熱が大きく科学的にも安定した厚手のガラスボウルを使います。
直径 16.5cm、高さ 10cm。

○型・抜き型・天板 ⓥ

プティガトー用の型、タルトゥやパウンドケーキなどを作る時の型、クッキーなどの抜き型、シャブロン（柔らかいパートゥをすりこんで形を作る型）、ビスキュイ生地などを作る時のセルクルやキャドル、天板などがあります。型を使う際には、材料の欄に表示しているものを使ってください。

○のす、切る

めん棒 ⓦ
直径 3cm、長さ 45cm のものを使います。

木製の板 ⓧ
パートゥをスライスする時、のす時に両端におき、正確な厚さにするために使います。

波刃包丁、プティクトー ⓨ
波刃はビスキュイなどをスライスする時に使います。刃渡り約 30cm。プティクトー（ペティナイフ）は型から出た余分なパートゥを切る時などに使います。刃渡り約 10cm。

ピケローラー ⓩ
パートゥ・シュクレなどを作る時に、焼き上がりのふくらみを防ぐためにパートゥを刺します。フォークで代用出来ます。

○仕上げ

網（ケーキクーラー） ⓐ
焼き上がったパートゥを冷ます時に使います。

絞り袋と口金 ⓘ
生クリームやムースを絞る時は必ず冷蔵庫で冷やしてから使います。

パレットナイフ ⓤ
パートゥやクレームを平らにならす時に使います。
(大) 9 寸（全長 36cm）、
(小) 6 寸（全長 28cm）。

刷毛 ⓔ
ポンシュを打つ時、塗り卵を塗る時などに使います。また余分な打ち粉を払う時にも使います。

Les ustensiles | 15

泡立て方と混ぜ方について

**本書のルセットゥでは、素材によって混ぜる器具の種類や大きさ、混ぜ方を使い分けています。
それぞれに意味があり、コツがあります。**

泡立てる

泡立てる技術を身につけることは、おいしいお菓子を作るための基本であり、第一歩です。卵黄や卵白は、そのお菓子に最も適した状態に泡立てることが大切です。正しい泡立て方がよい生地やクレームを作り出します。この本ではほとんどの場合泡立てはハンドミキサーで行います。たとえ男性の力でもホイッパーでは弱すぎて気泡量の少ないムラングになります。まずは正しいハンドミキサーの使い方を覚えることから始めてください。本書では速度が3段階のハンドミキサー（速度3番が最速）を使用しています。

○ハンドミキサー

ハンドミキサーを使う場合は、深めで側面が底に対して垂直なボウルが最適です。ボウルの側面とビーターの間にすき間が出来ず、効率よく泡立てられます。

正しい使い方

ボウルの側面とビーターが軽く当たってカラカラとごく軽い音を立てるくらいに、ボウルの中で出来るだけ大きな円を描くように回します。ボウルの中心部だけで回しているとビーターの外側が泡立たないため、気泡量の少ない、弱くて不均一な泡立ちになります。また側面にガラガラと強く当てたり、底をゴロゴロこすりながら泡立てたりすると、ポロポロした混ざりにくくて潰れやすい泡になります。

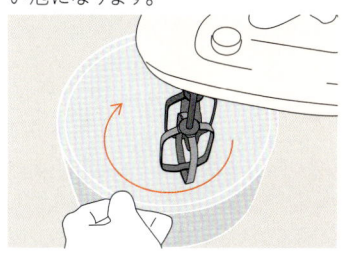

【ビーター1本で泡立てる】

卵白60g以下、全卵70g以下の場合は、ハンドミキサーにビーター1本をつけ、手つき中ボウルで泡立てます。右利きの人はハンドミキサーの左側にビーターをつけて時計回りに回します（左利きの人は右側にビーターをつけて反時計回りに回します）。
左右それぞれのビーターは外側方向に回転しているので、ハンドミキサー本体をビーターの回転と反対方向に回すことでよりよく泡立ちます。同方向に回すといつまでたっても柔らかくて気泡量の少ない状態のままになります。

【ビーター2本で泡立てる】

卵白60g以上、全卵70g以上の場合は、深大ボウルを使い、ビーター2本で泡立てます。この場合はハンドミキサーを回す方向はどちらでもかまいません。腕が疲れたら途中で方向を変えても大丈夫です。

Fouetter et Mélanger | 17

混ぜる

多くの人が素材同士はよく混ぜるほどお菓子はおいしくなると何となく考えていますが、これは間違いです。フランス菓子に必要な混ぜ方の考え方は、素材を混ぜる時、それぞれの素材の特徴を十分に残すために混ざりすぎないように浅めに混ぜるということです。深く混ぜるほどお菓子の全体の味わいは平坦になります。混ぜる速度や力の強弱には特に気を配ります。それぞれに記されている速度や回数を正しく会得して下さい。

混ぜるために道具には、木べら、ホイッパー、エキュモワールがあります。これらの器具はそれぞれ素材同士の混ざり具合は異なります。またそれぞれの器具はその動かし方によってさらに混ざり具合が違ってきます。

○ ホイッパー

ホイッパーは卵をほぐしたり、ババロアやムースなどでムラングの泡を潰さずに混ぜたい場合など、いろいろな目的で使われます。使うボウルの大きさに合わせてホイッパーの大小も使い分けます。

持ち方

親指と中指で持ちます。人差し指は伸ばして柄に添えるようにしても、ひっかけるようにしてもかまいません。

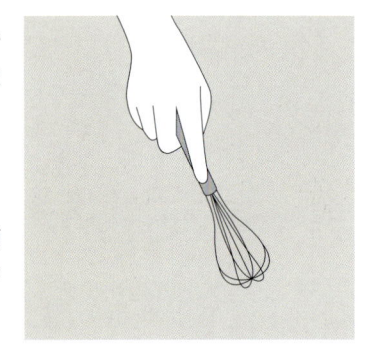

【直線反復】

卵黄をほぐす時や生クリームを軽く泡立てる時などに使う混ぜ方です。ホイッパーが通った部分は液体に直接より強い力が加わり、目に見えない部分でも細かく混ざり合ったり分散したりします。

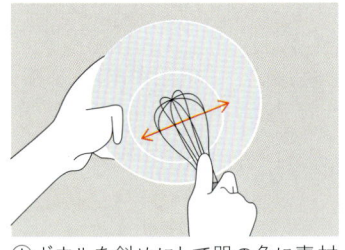

①ボウルを斜めにして器の角に素材を集め、ホイッパーをボウルに軽くつけて手早く直線で往復させる。

【円】

全体をまんべんなくよく混ぜる時に使います。基本の速さは10秒間で15回、特にゆっくり混ぜる場合はホイッパーを立てて10秒間に6回ぐらいの速さで混ぜます。

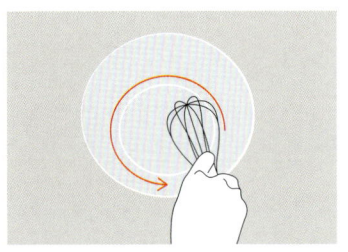

①あまり力を入れずに、ホイッパーの先をボウルの底に軽くつけながら大きく円を描くように回す。

【小刻みすくいあげ】

氷水で冷やされたゼラチン入りのクレーム・アングレーズはすぐにでも固まろうとします。これに手早く少量の生クリームを加えてのばし、残りの生クリームをよく混ぜるようにします。手早く下からかきあげながら早い動きで混ぜ込んでいきます。これは生クリームより重いクレーム・アングレーズを上に浮き上がらせるための混ぜ方です。

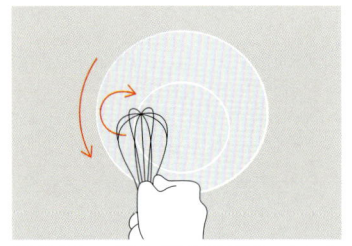

①ボウルの底左側1/4ほどのところにホイッパーを置く。ホイッパーの先で直径10cmほどの小さな円を連続して描くようにしながら、同時に左手で手早くボウルを手前に回し、とにかく手早く混ぜる。

【すくいあげ】

基本的に木べらの【90度】と同じですが、速さやホイッパーの高さが少し違います。クレーム・アングレーズなどの重いものを混ぜていく時は、【すくいあげ】で混ぜないと下のクレームが上まであがらず、よく混ざりません。混ぜていくうちに、底の方からすくいあげた色と表面の色がほとんど同じになったら全体的によく混ざった証拠です。この混ぜ方は混ざりが比較的浅く、ムラングがつぶれにくい混ぜ方です。

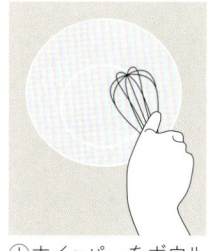

①ホイッパーをボウルの右端に置く。

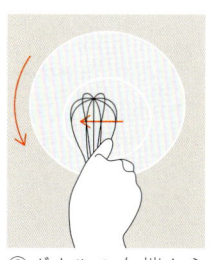

②ボウルの右端からまっすぐ中心を通って底をこする。

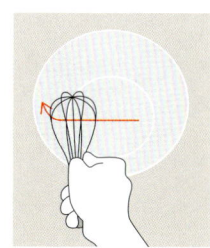

③そのままホイッパーを左に動かす。同時に左手でボウルを手前に 1/6 ずつ回転させる。

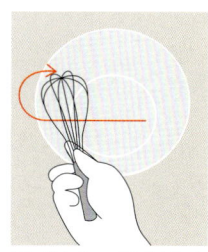

④ボウルの側面を上までこすりあげるようにホイッパーを持ち上げる。この時手首を返す。

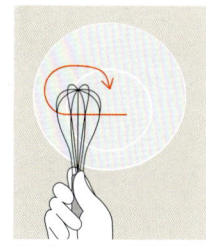

⑤ボウルの縁近くまでさっと手首を返しながらホイッパーをパートゥから抜く。こすりあげたら①に戻り繰り返す。

【拡散・すくいあげ】（すくってトントン）

ムラング・イタリエンヌのように他の素材と混ざりにくく、しかも泡がつぶれやすいものを混ぜる方法です。柄を打つのはホイッパーの中に入ったムラングと生クリームを、ホイッパーのワイヤーで小さく切り分けて分散させるためです。強く打ち付けると泡がつぶれてしまうので、静かにあててください。

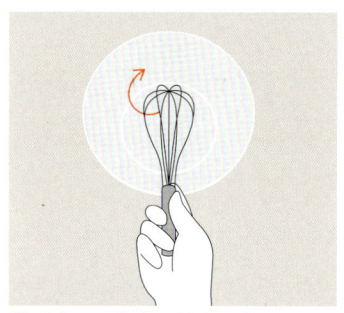

①ボウルの中央で静かに生クリームとムラングをすくいあげる。

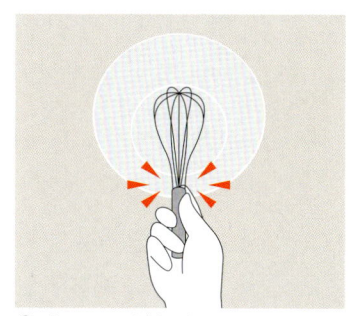

②ボウルの手前の縁にホイッパーの柄をトントンと優しくあてる。ホイッパーの中のムラングと生クリームが完全に落ちるまで続ける。これをムラングが完全に見えなくなるまで続ける。

○木べら

持ち方
柄を親指と中指ではさみ、あいだに人差し指を添える。

【平行だ円】
これはパートゥ・シュクレなどを作る時に、バターにあまり空気が入らないように他の素材を混ぜていく時の混ぜ方です。

①木べらの広い面が体の向きと斜め45度になるように持つ。

②ボウルの底に先端をつけて、木べらの面を進行方向に平行に保ちながら、円に近いふくらんだだ円を描くように動かす。基本の速さは10秒間に15回、手早く混ぜる場合は10秒間に20回が目安。

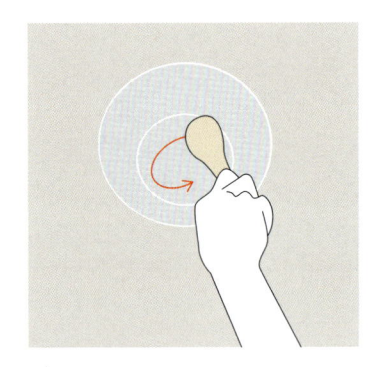

◎木べらがボウルにあたってカタカタと音がする場合は、だ円が大きすぎます。音がしないようにボウルの底の面からはみださないようにコンパクトなだ円で動かします。

◎木べらの面が進行方向に対して90度になると、より多くのバターをすくい、それだけ多くの空気が入ってしまいます。

【90度】
これはいろんな生地作りで使う木べらの基本的な混ぜ方です。生地を木べらの先の面で押して全体に大きな流れを作り、均一かつまんべんなく混ぜます。一般に言う「切る」ような混ぜ方では粉が効率よく混ざっていきません。

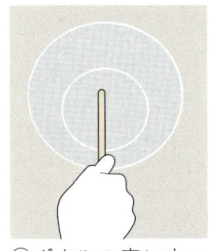

①ボウルの底に木べらの先を置く。木べらの面は進行方向に対して90度に保つ。

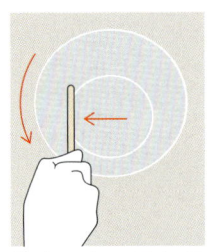

②木べらの面を90度に保ったまま、中のパートゥを押すように左へ動かす。同時に左手でボウルを手前に1/6回転させる。

③木べらが左側の縁にぶつかったら、ボウルの側面のカーブに沿ってこすりあげる。

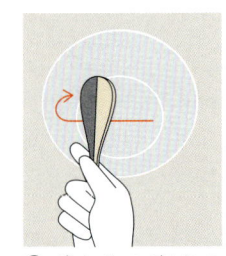

④ボウルの高さの1/2くらいのところまできたら、手首を返して木べらの面をゆっくりと180度回転させ始める。

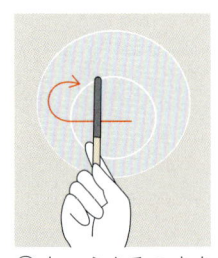

⑤木べらをそのまま持ち上げてボウルの中央まできたら手首は完全に返っている。①に戻る。

○エキュモワール

エキュモワールは本来フランス語で"穴杓子"の意味ですが、本書では硬く泡立てたムラングを混ぜるためのへら（イル・プルー・シュル・ラ・セーヌのオリジナル）のことを指します。硬く泡立てたムラングを、泡を潰さずに木べらやホイッパーで他の素材と合わせるのは難しいものです。このエキュモワールは先端についた薄いへらと、柄の部分でムラングを切るように混ぜ、硬いムラングを効率よく混ぜることが出来ます。

持ち方
エキュモワールはペンを持つようにして人差し指と親指、中指で持ち、ボウルの底に対してへらの先端と柄の先端を結んだ線が垂直になるようにする。

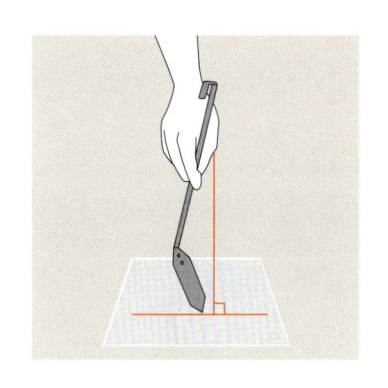

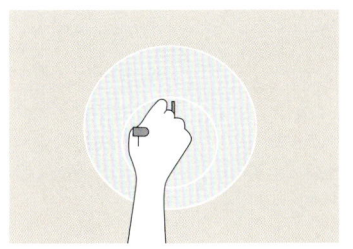

①先のとがった部分をボウルの奥の方に入れる。

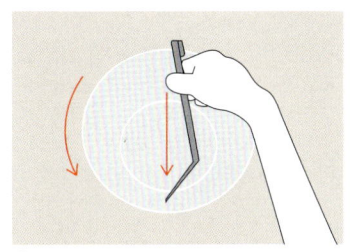

②ボウルの中心を通しながら、手前の側面までまっすぐに引く。同時に左手でボウルを手前に1/6回転させる。

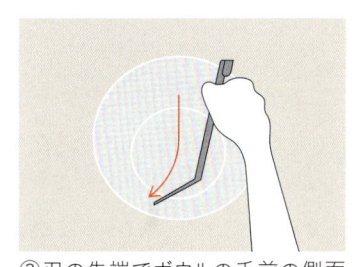

③刃の先端でボウルの手前の側面をなぞりながら、半分くらいの高さまでこすりあげる。
◎へらの面は常に進行方向と平行にします。平行であれば刃がムラングを切り分けるだけで泡を潰しませんが、平行でないと刃がムラングをすくってしまい、泡を潰してしまいます。

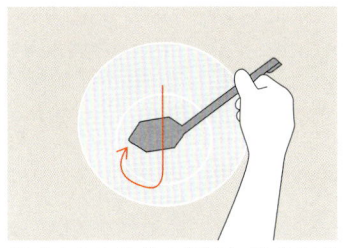

④ボウルの手前の側面に半分ほどこすり上げて刃を抜き、刃の裏面が上を向くように返す。
◎刃を返さずにそのまま上に向かって持ち上げてしまうとムラングをすくってしまい泡が潰れてしまう。

⑤刃の裏面が完全に見えたら①に戻り、繰り返す。これを10秒間に12回ほどの速さでゆっくりと繰り返す。

水様化卵白

卵白は水様化させてから使います。フランスの卵白は割ってから冷蔵庫にすぐに入れても3～4日で濃度がゆるみよい泡立ちが得られますが、日本の卵白は冷蔵庫に入れると2週間経ってもドロンとしています。このような卵白で泡立てると繊維が細かくほぐれず、気泡量の少ないポロポロした混ざりの悪いつぶれやすいムラングにしかなりません。そのために「水様化」させた卵白を使います。水様化すると泡が弱くなるので卵白はボウルごと10℃に冷やして泡立てます。温度を下げると表面張力が働き、気泡量は減りますが混ざりのよいムラングになります。

水様化していない状態
卵を割り分けたあとのドロンとした状態。スプーンではすくえず、ドロンと全体がスプーンから落ちてしまう。

水様化した状態
スプーンですくえ、かなりサラーッと流れおち、最後は少しトロンと糸をひく程度。

水様化の2つの方法

①の方が強いムラングが出来ます。慣れないうちはムラング・イタリエンヌ用の卵白は②の方が安心です。

①常温で水様化させる場合

1
卵白を出来るだけ20℃以下の場所において、1日1回レードルでよく混ぜる。通常は2週間ほどで（20℃ほどの暖かい時は1週間ほどで）少しずつ水様化する。
◎冬は少し暖かめのところに置きます。混ぜるのを忘れると水様化は遅くなります。またあまり暖かいところで急激に水様化させようとすると匂いが出てくることがあります。
◎焼き物などに使う場合は少し匂いが出ても全く問題ありませんが、ムラング・イタリエンヌ用の卵白を水様化させる時は慎重に匂いが出ないように5～6日かけて20℃以下のところでゆっくり水様化させます。ムラング・イタリエンヌではオーブンに入れて焼く時よりも加熱が抑えられるのでこの方法による水様化はより注意が必要です。

2
スプーンですくえ、サラサラと落ちるがよく見ると少しトロンと落ちる部分があるくらいまで水様化させる。

3
冷蔵庫に移し、水様化の進行を抑える。

②裏漉ししたキウイを入れて作る場合

卵白は90%が水分で残りがたんぱく質の繊維です。キウイ、パパイヤ、生のパイナップルにはたんぱく質を分解する酵素が含まれており、これが卵白の繊維を化学的にほぐして水様化させてくれます。ただしこの力は強いので、あまりおくと水様化が進みすぎ、かえって弱い泡立ちになります。
キウイの分量は卵白に対して1%と覚えてください。

材料
最も少量作る場合

200g	卵白
2g	裏ごししたキウイ

※ 酸味のはっきりしたもの。くさりかけた酸味の弱いものは分解する酵素の力がかなり弱まっています。

作り方

1
フードプロセッサーに卵白と裏ごししたキウイを入れ、30秒かけます。泡立った部分は捨てます。フードプロセッサーによっては15秒ほどでかなり泡立つ力の強いものがあります。その場合はそこでやめます。

2
密閉容器に入れ、10時間ほど常温におきます（気温20℃以下の場合。気温20℃以上の場合は冷蔵庫に入れます）。

3
冷蔵庫で保存し、3日間で使い切ります。3日以上経つと水様化が進みすぎ、かえってよい泡立ちが得られない場合があります。
ます。

お菓子を作る前に必要な準備など

温度管理と計量

生クリームやバターなど日本の乳製品とそのほかのいくつかの素材は熱に対し極めて弱く、一度暖まってしまうと口溶け、味わいが失われ、後でいくら冷やしてももうおいしさは取り戻せません。日本の素材では確実は温度管理はおいしいお菓子作りの最も大事な基本です。

○ 室温は出来るだけ 20℃以下！
作業に手間取っても材料が温まることがないように、部屋の温度にも気を配りましょう。

○ 冷蔵庫は出来るだけ 3℃に近く、冷凍庫は出来るだけ低く －20℃以下に
通常の冷蔵庫は 7℃くらいが標準ですが、生クリームやバターのよい状態を保つために、なるべく 3℃以下にしましょう。冷凍庫もできるだけ最強にして －20℃以下にします。望ましいのは －30℃以下です。カチンカチンに凍っていた方が味わいはより劣化しません。材料や生地の状態をよりよく保つためには、庫内を低温に保つことが大切なのです。

○ 正しい計量がおいしいお菓子作りへの近道！
記載してある全ての材料は、前もって計量してから作業を進めてください。また温度や時間も多少面倒でも理想の状態を覚えましょう。

材料

○ 打ち粉や型に塗るためのバター
作業中に使用する打ち粉（強力粉）や、天板や型に塗るためのバターは分量外です。

○ バニラ棒
十分によい香りが得られるように、プティクトーで縦半分に裂いて中の種をこそげとり、（写真右）サヤごと牛乳などに加えます。
クレーム・パティシィエールは裏ごしは絶対しませんので、ナイフの刃でサヤをこするとサヤそのものが削り取られ、クレームに入るのでナイフの背を使います。

○ バニラエッセンス
1g 以下の分量の場合は、スポイト表記しています。1 滴＝ 0.08g 換算です。

技術

○ 泡立てにはハンドミキサー
メレンゲの泡立てには必ずハンドミキサーを使います。ホイッパーより早く、空気をたくさん含んだつぶれにくく混ざりやすい泡が出来ます。

○ 氷水の準備も忘れずに
氷水を使う作業がある時に途中で慌てないように、あらかじめ氷をたっぷり準備しておきます。

○ 焼成温度や時間、混ぜる回数などは目安
使う器具や材料などによって状態は変わりますので、工程写真を参考にして判断してください。

○ 予熱と焼き方
家庭用のオーブンにパートゥを入れると温度がかなり下がることが多いので、オーブン内は十分に予熱してからパートゥを入れます（天板も予熱が必要な場合はルセット中に明記します）。

　　電子レンジオーブン　：焼成温度＋ 20℃に設定して、この温度に達してから少なくとも 20 分間予熱
　　ガス高速オーブン　　：焼成温度＋ 10℃に設定して、この温度に達してから少なくとも 10 分間予熱

また、ターンテーブルがないオーブンの場合は、焼成時間の半分ほどが経過したら天板の手前と奥を入れ替えます。上下段で焼く場合は、天板の上下段も入れ替えます。

パートゥを焼く時に最も大事なことは、この本に記された焼き時間と写真の焼き色を合わせることです。例えば 180℃で 40 分とあるのに 20 分で写真と同じような濃い焼き色がついたら、次回は 10 ～ 20℃温度設定を低くして焼いてみます。30 分で濃い焼き色がついたら次はさらに 10℃低く設定します。同じものを 2 ～ 3 度焼けば、焼き時間と焼き色は合ってきます。逆に 40 分経っても焼き色が十分でなければ温度を 20℃ほど高く設定して焼いてみます。この設定温度の違いを当てはめれば、大体よい状態で焼き上がります。

作り置きが出来てよく使うパーツ

ここではいろいろなお菓子に登場する、作り置きの出来る便利なパーツの作り方を紹介します。

塗り卵

材料　約65g分

- 27g　全卵
- 13g　卵黄
- 22g　牛乳
- 2g　グラニュー糖
- 少々　塩

作り方

1. 全卵と卵黄を合わせてほぐし、牛乳とグラニュー糖、塩を加えて混ぜ、裏漉しする。

◎冷蔵庫で保存可能。砂糖と塩が極端に少ないため腐りやすいので、少量作って2〜3日で使い切ります。

30°ボーメシロップ

材料　約120g分

- 70g　グラニュー糖
- 54g　水

作り方

1. 小鍋にグラニュー糖と水を入れ、混ぜてから強火にかけ沸騰させる。沸騰したらよく混ぜ、グラニュー糖を溶かし、火を止めて冷ます。

◎常温保存。
◎腐ることはありません。

焦がしバター

材料

- 適量　バター

作り方

1. 小鍋にバターを入れて中火にかける。沸騰すると水分がはね、表面に泡のようなタンパク質が浮いてきて、やがて白い粒になって沈澱し、焦げた香りがしてくる。

2. 大きな泡がおさまり、水分がパチパチと跳ねる音が消えてくると、今度は小さな泡が浮いてくる。表面の泡をスプーンでよけ、底の沈殿物の色を見る。少し薄い色がついたら火を消し、余熱でさらに加熱する。

3. 沈殿物がヘーゼルナッツの薄皮の色になったら、鍋を10秒ほど水に浸けて色づきを止める。

バーズ・キャラメル

材料　約90g分

- 40g　生クリーム（42%）
- 10g　水
- 60g　グラニュー糖

作り方

1. 小鍋に生クリームと水を入れ、70〜80℃に加熱する。

2. 1と同時に銅鍋（なければ厚手の鍋）にグラニュー糖を入れ弱火にかける。混ぜながら黒めのキャラメル色になるまで焦がす。

3. 2をホイッパーで混ぜながら、1を加える。すぐに火を止め、ボウルにあけて冷ます。冷めた状態はかなりネッチリしている。

◎常温で1ヶ月くらい保存可能。

パートゥ・グラニテ

材料　　約200g分

- 21g　強力粉
- 21g　薄力粉
- 31g　アーモンドパウダー
- 42g　グラニュー糖
- 42g　キャソナッドゥ
- 5g　シュークル・ヴァニエ
- 42g　バター

作り方

1
強力粉と薄力粉は合わせてふるう。ボウルにバター以外の材料を入れ、合わせ混ぜる。
◎夏はバター以外のものは冷やしておきます。

2
バターは少し柔らかめのポマード状にしておく。

3
1にバターを一度に加え、手でほぐしながら混ぜる。

4
だんだん砂のようにサラサラになって、さらにバターがしみたようになる。

5
1cmほどの塊が少し出来るまで混ぜ、冷蔵庫で冷やす。 
◎前日に作っておいても大丈夫です。
◎密閉容器に入れ、1週間ほど保存可能。
◎多めに作る場合は、この分量の10倍くらいまで作ることも出来ます。

コンフィチュール・ダブリコ（杏ジャム）

材料　　約380g分

- 188g　グラニュー糖
- 5.5g　ジャムベース
- 250g　アプリコットピューレ（冷蔵）
- 25g　水飴

作り方

1
グラニュー糖とジャムベースをホイッパーでよく混ぜる。

2
鍋にアプリコットピューレを入れ、1を加えてホイッパーで軽く混ぜる。

3
中火にかけ、沸騰してきたら火を少し弱くし、木べらで鍋の底を手早くこすりながら30秒煮詰める。

4
ボウルにすぐに移し、水飴を加えて混ぜる。粗熱をとり、90℃以下にする。
◎水飴はジャムの艶が出るように、また乾燥しないように加えます。水飴は沸騰させ続けるとすぐにキャラメルに変化しますので、必ず火を止めてから加えてください。また水飴は100℃〜90℃くらいでもキャラメルが生成されるので、すぐにボウルに移して粗熱を取ります。

5
ほぼ冷めたらフタのある容器に移して保存する。
◎密閉容器で3ヶ月ほど保存可能。

6
使う時は必要量だけを小鍋にとり、200gにつき約大さじ1杯の水を加え、ホイッパーで均一にほぐしてから中火にかける。コンフィチュールにキャラメル色がつかないように、木べらで底をこすりながら加熱していき、沸騰してからさらに30秒混ぜてから使う。
◎タルトゥなどに塗る途中で硬く塗りにくくなったら木べらで混ぜながら加熱し、柔らかくしてから使います。

Préparation | 25

第 1 章

開店から今までずっと、
常にイル・プルー・シュル・ラ・セーヌの顔

こんなに多くの素晴らしい味わいの表情
ダックワーズとクッキー

天才の味わい
ダックワーズ
Dacquoise

私が作る味わいは、時として存在の奥深くふつふつと燃えたぎる命の営みを垣間見せることもあるように思えるのです。
ダックワーズ1口を噛み、素材の思いが舌に伝われば、一度に心の全てはどこまでも青く突き抜けるあの空に昇りゆきます。
全てのわずらわしさも、重さも身をひそめ、私の心は軽やかにあの空を飛び交うのです。
もう言葉に出来ぬこの心の衝動は確かに私なのだけれどあの頃はその素性も来たる所も分からず、私に顔を見せた記憶すらない、心を費やす何かでした。歳と共に切なさを増す、悲しいほどの命への憧れに揺れる思い。
日常の澱にまみれ、干からびた私の心が感じるほどの苦渋では決して手に入れることの出来ない命の震えなのかもしれない。

プラリネのダックワーズから始まって、既に7種のダックワーズが生まれました。どれ1つとっても、どんなに頑張っても他のパティスィエには決して真似の出来ない味わいばかりです。凄い味わいが当たり前。これが私に与えられた宿命。
スペイン・カタルーニャの豊穣にすぎるアーモンドの味わいを2枚のダックワーズにふっくらと力強く作り上げ、間に挟んだ芯のある豊かな心を包み込む味わいのクレームに競い合わせる。素材の表情を精緻に知り、無双の技術を使い、意志を持って競い合わせる。どれをとっても、おいしさは幸せに心と身体に語りかけます。

アーモンドプラリネのダックワーズ
Dacquoise au praliné

この味わいが私の感覚に伝われば、私を覆う、
私を疲れさせている外界への緊張が音もなく消えてしまうのです。
私の全ての感覚は熱い陽に照らされ続けた、日々の中の、
不意の軽やかな雨の後の静けさのように、しっとりとたたずむのです。不思議です。
そしていつの間にか私は自分を振り返り、あちこちに視線はさまよい、
今でもうとましいあの時の胸かきむしる嫉妬の思いさえも探り当て、でもそれさえも、
しっとりと懐かしく思えてくるのです。

お菓子の作り方のポイント

もちろん味わい豊かなアーモンドパウダーがなければイル・プルー・シュル・ラ・セーヌの極めつけのおいしさのダックワーズは出来ません。あとは作り方2で述べているように、強いムラングを作り、ムラングとアーモンドパウダーを十分な回数混ぜ込むことです。取れるパートゥの枚数もとても大事です。20〜23枚がちょうどよい数です。取れすぎると軽すぎる物足りない歯触りに、また少なすぎても硬い、歯切れの悪い食感になってしまいます。これによって本当にしっくりファンタスティックな歯触り、クレームとの調和が生まれます。

材料
11〜12組分

フォン・ドゥ・ダックワーズ

100g	卵白
20g	グラニュー糖 A
10g	グラニュー糖 B
45g	粉糖
75g	アーモンドパウダー
適量	粉糖

アーモンドのクレーム・オ・ブール（約10個分）

100g	クレーム・オ・ブール（→P196）
25g	アーモンド・ロースト・ペースト*1

*1 アーモンド・ロースト・ペーストは、アーモンド・プラリネ35gでも可。

下準備

（1）**フォン・ドゥ・ダックワーズ**のアーモンドパウダー、粉糖は両手ですり合わせて混ぜ、2度ふるう。
◎それぞれをよく混ぜ込んでおいた方が、歯切れは優しくふっくらとなります。

（2）（1）も含め、材料全てを冷蔵庫で冷やしておく。卵白はボウルごと5〜10℃に冷やす。

（3）オーブンは予熱しておく。
電子レンジオーブン　200℃　20分
ガス高速オーブン　　180℃　10分

作り方

フォン・ドゥ・ダックワーズを作る

1
卵白にグラニュー糖Aを加え、ハンドミキサー（ビーター2本）の速度2番で1分泡立てながらほぐす。

2
速度3番で2分泡立てる。グラニュー糖Bを加え、さらに速度3番で1分泡立てる。
◎ムラングは徐々に硬さを増して盛り上がってきます。
◎泡立て終わった状態は、かなり盛り上がり、硬くしっかりとしています。
◎強くて硬いムラングを作ってください。ムラングがしっかりしていないと、混ぜ終わった時にパートゥが流れ出てしまいます。

3
2に粉類を5〜6回に分けて加え、【エキュモワール】で混ぜる。その都度、完全に粉が見えなくなってから次を加えていく。
◎いつもより早めに混ぜていきます。混ぜる速さは10秒に12〜13回程です。ムラングが強くて硬いので、最初は混ざりにくいのですが、慌てずゆっくり混ぜてください。

4
半量を加え終わったところで、ボウルの内側をゴムべらで払う。
◎混ぜにくい場合は途中で1回払うとよく混ざります。

5
続けて残りの粉を加える。全部加え終わったらボウルの内側をゴムべらで払い、さらに30回混ぜる。
◎次第にパートゥは均一になり、ムラングの1/3量ほどになります。エキュモワールにも少し重さを感じます。

6
かなり滑らかになり、ほとんど粉が見えなくなったら、もう一度ボウルの内側を払い、さらに30回混ぜる。
◎かなり粘りは出てきますが、流れ出さない固さです。また、エキュモワールの跡が残ります。
◎この状態でパートゥがゆっくり流れる場合は、ムラングの硬さが足りなかったか、混ぜ方が正しくなかった事が原因です。
◎混ぜ方によって歯触りや食感が違ってきます。ちょうどよい固さに焼き上げるためには、粉類を入れ終わってから60回混ぜます。パートゥは、20〜23枚とれると丁度良いです。

7
シャブロンの内側側面にたっぷりと十分に霧吹きをする。表面は軽く布巾でぬぐう。
◎すり込んだパートゥを外しやすくするためです。

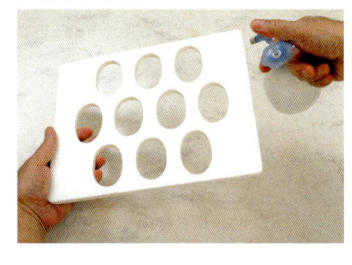

8 マーブル台の上にも霧吹きをし、その上にベーキングシートをのせ、シャブロンをおく。
◎霧吹きをすることで、ベーキングシートが動かなくなり、作業がやりやすくなります。

9
6のパートゥを口金をつけない絞り袋に入れて、シャブロンよりほんの少し高くなるように絞り込む。

10
パレットナイフでパートゥの表面を平らにならす。

11
さらにパレットナイフを斜めにして、型からはみ出したパートゥを少し力を入れて動かし、きれいにすり取る。
◎余分なパートゥを完全に取らないと、シャブロンを外す時にきれいなだ円形になりません。

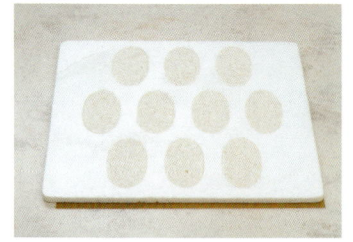

12
シャブロンを上下に小刻みに揺らしながら全体に上に持ち上げて外す。
◎一気にサッと外すと、パートゥが型にくっついて焼き上がりが汚くなってしまいます。

13
粉糖を均一にふる。5分後に再度粉糖をふり、オーブンに入れる。
◎5分以上オーブンに入れないで放置して置くと、泡がつぶれて硬くなり歯切れの悪いパートゥになります。

🔥 焼き時間
電子レンジオーブン　180℃　16〜17分
ガス高速オーブン　170℃　15分

◎粉糖がふってある部分に薄めの焼き色がつき、側面・底がしっかりとしたキツネ色になったらオーブンから出します。底がたわむようでは、まだ焼き足りないということです。
◎焼き上がったらベーキングシートから外し、ベーキングシートの粉糖が溶けてつくようでしたら裏返してケーキクーラーの上で冷まします。
◎多くの場合、家庭用オーブンは下からの熱が弱く、粉糖はとけないので、裏返す必要はありません。
◎あまり強い火では水分が充分にとばないので、ニチャついた歯切れになることがあります。

14
焼き上がったらベーキングシートから外し、裏返してケーキクーラーの上において冷ます。
◎表面を上にしておくとケーキクーラーにつくことがあるので注意してください。

**アーモンドの
クレーム・オ・ブールを作る**

15
クレーム・オ・ブールにアーモンド・ロースト・ペーストを2回に分けて加え、ホイッパーで滑らかになるまでよく混ぜる。【円】

仕上げ

16
アーモンドのクレーム・オ・ブールを直径13mmの丸口金を付けた絞り袋に入れ、口金をパートゥに5mmほど近づけて、1枚につき、だ円状に12g絞る。

17
もう1枚のパートゥをのせて軽く押さえる。乾燥しないようにビニール袋に入れ、冷蔵庫で冷やし固める。

食べごろ	すぐに食べてもおいしいお菓子ですが、冷蔵庫で一晩休ませて、翌日〜3日目頃迄が一番おいしいと思います。
賞味期限	約1週間。
食べる温度	15〜25℃。23〜25℃が、クレームが少し柔らかくなりかけてアーモンドの香ばしい香り、味がはっきり感じられます。冷蔵庫から出したら少し常温においておくとよいでしょう。
保存方法	クレームが溶け出して口溶けが悪くならないように5℃以下の冷蔵庫で保存。

Dacquoise au praliné

アーモンドプラリネのダックワーズ（キッチンエイド仕込み）

大量仕込みの作り方のポイント

強い卓上ミキサーで作る場合も、卵白は十分に水様化していなければなりません。また、とりわけ強いムラングになるように、卵白は 5 〜 10℃に冷やしておくことが大事です。ハンドミキサーより力の強い卓上ミキサーでは気泡量が 15 〜 20％ほど多くなります。混ぜる回数はハンドミキサーの場合は 80 回ほどですが、この回数では物足りない食感になってしまいます。混ぜる回数が 120 回ほど取れるパートゥは 60 枚弱が最良です。また少なくては歯切れに軽やかさが得られません。しっかりと混ぜ込み、ちょうどよい数取れたパートゥは、ハンドミキサーよりも存在感のあるおいしさに焼き上がります。

20 コートのミキサーではより力が強いので、グラニュー糖は最初から全て加えて泡立てます。またより強い泡が出来るので、混ぜる回数はより早めに、150 回ほど混ぜます。

材料
60cm × 40cm のフランス天板　約 25 組分

フォン・ドゥ・ダックワーズ

250g	卵白*1
100g	グラニュー糖 A
50g	グラニュー糖 B
375g	アーモンドパウダー
225g	粉糖
適量	粉糖

アーモンドのクレーム・オ・ブール

200g	クレーム・オ・ブール（→ P198）
50g	アーモンド・ロースト・ペースト*2

*1　卵白は水のようにサーッとレードルから落ちるくらいしっかり水様化しているものを用意します。

*2　アーモンド・ロースト・ペーストはプラリネ 70g でも可。

下準備

（1）**フォン・ドゥ・ダックワーズ**のアーモンドパウダー、粉糖は両手ですり合わせて混ぜ、2 度ふるう。

（2）材料は全て冷蔵庫で冷やしておく。卵白はキッチンエイドのボウルごと 5 〜 10℃に冷やす。

作り方

フォン・ドゥ・ダックワーズを作る

1
卵白にグラニュー糖 A を入れ、ホイッパーで軽くほぐす。

2
中速で 3 分泡立て、3 〜 4 分立てにしてから最高速にし、ホイッパーの内側のムラングが周りより高くなったら、グラニュー糖 B を加える。

3
さらに30秒撹拌する。
◎砂糖を多めに入れて、強いムラングを作ります。

4
粉類を一度に加え混ぜる。泡が強いので、全て加えたら【エキュモワール】で少し手早く120回ほど混ぜる。
◎80回くらい混ぜると手が重くなり、100回くらいで少しツヤが出てきます。

5
ボウルの内側をカードで払う。

6
混ぜ終わりは、滑らかで、かなり量は減る（1/3くらい）が、しっかりした硬さになる。

7
天板の上にベーキングシートを敷き、シャブロンをおく。口金のない絞り袋に **6** を入れて絞る。
◎以降の詳しい作り方やポイントはP28「アーモンドプラリネのダックワーズ」作り方7、9〜14と同様です。

8
パレットナイフで平らにならし、シャブロンを外す。

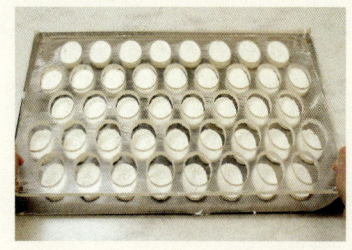

9
粉糖を均一にふる。5分後に再度粉糖をふり、オーブンに入れる。

🔥 **焼き時間**

平釜　　　　　　190℃　15分弱
◎焼き上がったものから網に取り出します。
◎ダックワーズの周りの溶けた砂糖が網に付きますので、常温に冷めたら冷蔵庫に入れ、5℃以下に冷やしてからクレームを絞ります。

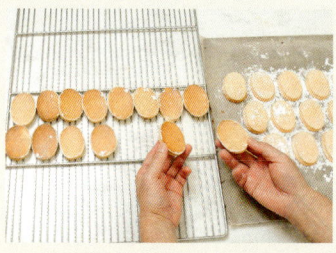

**アーモンドの
クレーム・オ・ブールを作る**

10
P28「アーモンドプラリネのダックワーズ」のアーモンドのクレーム・オ・ブールと同様にする。

仕上げ

11
「アーモンドプラリネのダックワーズ」の仕上げと同様にする。

20コートの場合

フォン・ドゥ・ダックワーズ

卵白　1ℓ
グラニュー糖　300g
アーモンドパウダー　750g
粉糖　450g

Dacquoise au praliné | 33

コーヒーとキャラメルのダックワーズ
Dacquoise au café

様々の私が作り上げる自分を誇らしいと思えたことは一度もありません。
一つの事を考え、一つの思いを導き出そうとすると、必ずあの私が、この私が、遠くの私が、顔を見せるのです。
思いはいつも収束されず、右往左往を繰り返すのが常なのです。
この味わいは間違いなくずっと私が憧れてきた私なのです。何とも言えずカッコイイのです。
少しの戸惑いもなく、決しておごりや高ぶりもなく、太い、力に満ちた男然とした視線が私の前にあるのです。
全ての私が心を委ねる、力強い意志を感じるのです。

お菓子の作り方のポイント

この太い味わいは、十分に深く少し黒みがかるほどに焦がしたキャラメルと深く濃いコーヒーの味わいの重なりあいに、他の素材の味わいが重なり合って出来ます。キャラメルは大胆に焦がし、コーヒーは香りの深いコーヒーエッセンスとネスカフェを重ねて、力のあるコーヒーの味わいを作ります。

材料
11〜12組分

フォン・ドゥ・ダックワーズ

100g	卵白
20g	グラニュー糖 A
10g	グラニュー糖 B
3g	コーヒーエッセンス
75g	アーモンドパウダー
45g	粉糖
2g	インスタントコーヒー（ネスカフェ・エクセラ）
6.5g	シュークル・ヴァニエ
適量	粉糖

キャラメルのクレーム・オ・ブール（約10個分）

88g	クレーム・オ・ブール（→P196）
44g	バーズ・キャラメル（赤色）*1（→P24）
5滴	バニラエッセンス

*1　ここでは苦みを抑えるため、焦げの少ない赤みがかったキャラメル色のバーズ・キャラメルにします。

下準備

（1）フォン・ドゥ・ダックワーズのアーモンドパウダー、粉糖、インスタントコーヒー、シュークル・ヴァニエは、両手ですり合わせて混ぜ、2度ふるう。

（2）P28「アーモンドプラリネのダックワーズ」下準備（2）(3)と同様にする。

作り方

フォン・ドゥ・ダックワーズを作る

1
P28「アーモンドプラリネのダックワーズ」作り方 1～2 と同様にする。泡立て終わったムラングにコーヒーエッセンスを加える。

2
「アーモンドプラリネのダックワーズ」作り方 3～14 と同様にする。

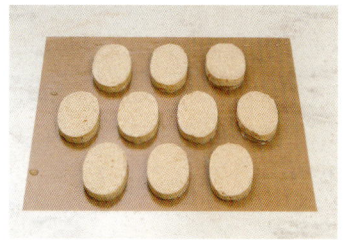

🔥 焼き時間

電子レンジオーブン　　180℃　16～17 分
ガス高速オーブン　　　170℃　15 分

キャラメルのクレーム・オ・ブールを作る

3
クレーム・オ・ブールにバーズ・キャラメル、バニラエッセンスを加え混ぜる。

仕上げ

4
「アーモンドプラリネのダックワーズ」仕上げと同様にする。
◎ここでは 1 枚のパートゥに 10g 絞ります。

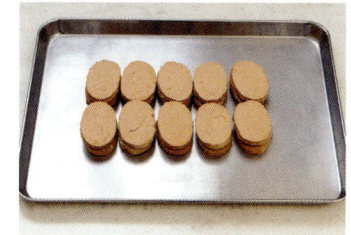

Dacquoise au café

柚子のダックワーズ
Dacquoise aux yuzus

私を幼稚な破滅への悲壮感に駆り立てたものは、
存在の自信に爪を立てようとする狂った血と、
存在の真意を確かめようとこの血を悪意を持ってかき立てる女達でした。
いつもこの2つは周到に、私の日本人としての思いをはぎとり、
人間としての思いをはぎとっていきました。
でも私を育てた国は、いつも私の血の熱を取り去ろうとしました。

お菓子の作り方のポイント

私たちのイメージとしては柚子の香りはとても強いように思えますが、実は薄く弱い香りです。他の素材に埋もれないように、ナツメグのすったものを加えて香りを支えます。またサンドする柚子のクレームにはフルーティーな香りのする日本酒を加え、味わいを支えます。また通常はムラング・イタリエンヌを作り、バターを泡立てながら混ぜるクレーム・オ・ブールは味わいが無味乾燥なので使いません。しかし柚子の味わいは弱く、卵黄の入った基本のクレーム・オ・ブールでは味わいが負けてしまうので、ここでは例外的に使います。

材料
11〜12組分

フォン・ドゥ・ダックワーズ

90g	卵白
18g	グラニュー糖 A
9g	グラニュー糖 B
79g	柚子ペースト
68g	アーモンドパウダー
41g	粉糖
0.3g	ナツメグ
適量	粉糖

柚子のクレーム（約10個分）

68g	バター
30g	ムラング・イタリエンヌ（→ P202）
1.7g	ホワイトラム（JB）[*1]
2g	キルシュ
3.5g	日本酒（出羽桜）[*2]
1.5g	レモン汁
2滴	バニラエッセンス
63g	柚子ペースト[*3]

[*1] なくても可。
[*2] フルーティーな香りの日本酒であれば、他の銘柄でも構いません。
[*3] 柚子ペーストは（株）愛媛果汁食品のものを使っています。

下準備

（1）**フォン・ドゥ・ダックワーズ**のアーモンドパウダー、粉糖は両手ですり合わせて混ぜ、2度ふるう。

（2）P28「アーモンドプラリネのダックワーズ」下準備（2）（3）と同様にする。

（3）**柚子のクレーム**のバターは少しテリが出るくらいの柔らかめのポマード状（→ P196）にしておく。

作り方

フォン・ドゥ・ダックワーズを作る

1
P28「アーモンドプラリネのダックワーズ」作り方1～2と同様にする。泡立て終わったムラングに柚子ペーストを加える。

3
「アーモンドプラリネのダックワーズ」作り方3～14と同様にする。
◎エキュモワールでの混ぜる速さは10秒間に12回です。ムラングが強くて硬いので、最初は混ざりにくいのですが、慌てずゆっくり混ぜてください。
◎ここでは一番最後に20～30回ほど多く混ぜます。
◎柚子ペーストの酸によって、ムラングの卵白が硬くなり、泡は強くなります。同じ60回混ぜてもパートゥの量は柚子の方が多くなり、枚数は25～26枚と多く取れます。

🔥 焼き時間

電子レンジオーブン　　180℃　17～18分
ガス高速オーブン　　　170℃　16～17分

◎表面、横、底にほどよいキツネ色がつくまで焼きます。柚子の場合、柚子ペーストに含まれる果糖（転化糖）のために焼き色が少し濃くなります。

柚子のクレームを作る

4
バターをホイッパーで白っぽくなるまで泡立てる。

5
ムラング・イタリエンヌを作り、20℃～25℃まで冷ましておく。

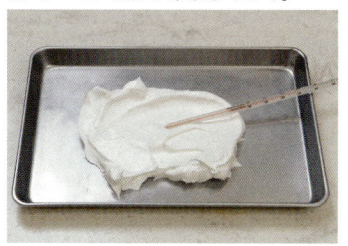

6
4に5のムラング・イタリエンヌを3回に分けて加え、ホイッパーで泡立てながら混ぜ合わせる。

7
ホワイトラム、キルシュ、日本酒、レモン汁、バニラエッセンスを混ぜ合わせておき、16に3回に分けて加え、ホイッパーで泡立てながら混ぜ合わせる。

8
柚子ペーストを加え混ぜる。

仕上げ

9
「アーモンドプラリネのダックワーズ」仕上げと同様にする。
◎ここでは1枚のパートゥに10g絞ります。

Dacquoise aux yuzus

ココナッツのダックワーズ
Dacquoise aux coco

私が多感なだけで、他に何もなしえなかった、無為極まりなかったあの頃に読んだいくつかの本に、
遠き、熱き国への切なる思いを見たのです。
私の存在の在りようとは決して重なることのない空の青さが、凝縮された偉人の心がこだまのように、
思うがままに、光を帯びて飛び交うところ、何も知らなかった私の心にそれ以来この思いはつつましく住み続け、
いつの間にか心の中の南の国への嬉しい憧れとなっていました。
ココナッツの空に向かって抜けるような淡い味わいに、バナナの浮揚感に満ちた味わいを重ねます。
バナナ味のクレーム・オ・ブールに、いつもより多くの卵黄を加えると私の心の中に浮揚感は高まります。

お菓子の作り方のポイント

このダックワーズは、アーモンドパウダーの代わりに加えるココナッツパウダー、ファインの油脂分でムラングの泡がとてもつぶれやすいので、卵白には最初から多めのグラニュー糖と乾燥卵白を加えます。またココナッツパウダーとココナッツファインの脂肪が溶けだしてムラングをつぶさないように、ムラングの泡立ての前に全ての材料を10℃以下に十分に冷やしておくことも大切です。卵白の粘度がとても強いので、頑張ってハンドミキサーを早く回し、十分に強いムラングを作ることが大切です。

材料
11〜12組分

フォン・ドゥ・ダックワーズ

100g	卵白
50g	グラニュー糖
8g	乾燥卵白*1
28g	粉糖
42g	ココナッツパウダー
42g	ココナッツファイン
適量	粉糖

バナナ風味のクレーム・オ・ブール（約10個分）

110g	クレーム・オ・ブール（→P196）
6g	バナナクリームリキュール

*1 乾燥卵白を加えることで、ムラングの泡立ちが強まります。

下準備

(1) **フォン・ドゥ・ダックワーズ**の粉糖、ココナッツパウダー、ココナッツファインは両手ですり合わせて混ぜ、2度ふるう。

(2) P28「アーモンドプラリネのダックワーズ」下準備 (2)(3)と同様にする。

作り方

フォン・ドゥ・ダックワーズを作る

1
卵白にグラニュー糖、乾燥卵白を加え、ハンドミキサー（ビーター2本）の速度2番で1分→速度3番で3分泡立てる。

2
1に粉類を加えながら、【エキュモワール】で10秒間に9回の速度で、ゆっくり混ぜる。全て加えてからさらに他のダックワーズよりずっと少なく、30回ほど混ぜる。
◎他の全てのダックワーズは手早く、また回数も計60回混ぜますが、ここではゆっくり、また8割混ざったら次ぎを加えていきます。
◎泡立てをしっかり、またゆっくり混ぜないとココナッツの脂肪によってムラングはつぶれて流れるパートゥになりやすいので注意してください。
◎パートゥが流れるくらいですと、焼成中も周りに大きく広がりやすくなります。このようなパートゥは歯切れが悪くなります。

3
P28「アーモンドプラリネのダックワーズ」作り方 7〜14 と同様にする。

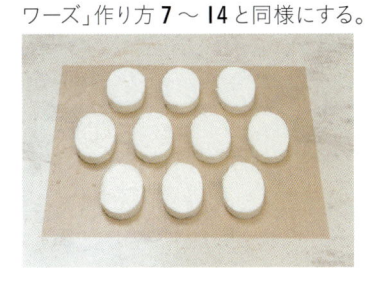

🔥 **焼き時間**
電子レンジオーブン　180℃　17〜18分
ガス高速オーブン　170℃　16〜17分
◎表面、横、底に穏やかな、白みがかったほどよいキツネ色がつくまで焼きます。

バナナ風味のクレーム・オ・ブールを作る

4
クレーム・オ・ブールを作り、出来上がりから110g取っておく。バナナクレームリキュールを加え、軽く混ぜ合わせる。

仕上げ

5
「アーモンドプラリネのダックワーズ」仕上げと同様にする。
◎ここでは1枚のパートゥに11gを絞ります。

Dacquoise aux coco

マロンのダックワーズ
Dacquoise aux Marrons

決して相容れぬ者同士がうごめいていた私の心の中にも、時と共に様々の私は慈愛に満ちた暖かさを宿し、少しずつ少しずつ幾重にも1つに重なり始め、勝手に気ままに身をよじることもなく、血の熱は猛々しさを収めていく。降る雨に心を合わせ、陽の光に心を緩やかにさらし、吹く風に心の張りを取り、身を任せる。人の心の流れに我が心の絆を重ね、我が心臓に立てた爪痕を癒し、全ての私が、己があるところをつつましく得る、しっとりとした時を一瞬だけでもえることが出来れば、私は自分の生に添える物を他に何も欲しくはない。生を閉じる前の一瞬でも、私の全てが少しの葛藤もなく、全ての感性がしっとりと身を寄せ合う安堵に浸りたいのです。マロンのダックワーズ、様々の私の心を表す様々の要素が、安らかにしっとりと身を寄せ合い、1つに重なっています。

お菓子の作り方のポイント

通常この種のダックワーズに小粉は入りませんが、パートゥ・ドゥ・マロンが入るので、歯ざわりが軽くなりすぎたので粉を加えています。オレンジコンパウンドは香りに明るさを与える為に加えます。

材料
約11組分

フォン・ドゥ・ダックワーズ

96g	卵白
19g	グラニュー糖A
10g	グラニュー糖B
48g	パートゥ・ドゥ・マロン
4滴	バニラエッセンス
0.9g	オレンジコンパウンド *1
72g	アーモンドパウダー
43g	粉糖
6.7g	薄力粉
0.5g	シナモンパウダー
適量	粉糖

マロンのクレーム・オ・ブール

58g	クレーム・オ・ブール（→P196）
35g	パートゥ・ドゥ・マロン
7g	蜂蜜（百花蜜）
4g	ラム酒（ダーク・ラム）
5滴	バニラエッセンス

*1 ダックワーズの生地をかすかな印象的な香りで支えるために少しオレンジの香りをつけます。

下準備

（1）パートゥ・ドゥ・マロン、バニラエッセンス、オレンジコンパウンドは混ぜ合わせておく。

（2）**フォン・ドゥ・ダックワーズ**のアーモンドパウダー、粉糖、薄力粉、シナモンパウダーは両手ですり合わせて混ぜ、2度ふるう。

（3）（2）も含め、材料全てを冷蔵庫で冷やしておく。卵白はボウルごと冷やす。

（4）オーブンは予熱しておく。
電子レンジオーブン　210℃　20分
ガス高速オーブン　　180℃　10分

作り方

フォン・ドゥ・ダックワーズを作る

1
P28「アーモンドプラリネのダックワーズ」作り方 **1〜2** と同様にする。合わせたパートゥ・ドゥ・マロン、バニラエッセンス、オレンジコンパウンドに泡立てたムラングを少量とってのばし、ムラングに戻す。

2
「アーモンドプラリネのダックワーズ」作り方 **3〜6** と同様にする。
◎最後に粉を全て入れ終わって混ぜ、ゴムべらで払ったら、通常は60回混ぜますが、ここでは泡が消えやすいので30回混ぜます。

3
「アーモンドプラリネのダックワーズ」作り方 **7〜14** と同様にする。

🔥 焼き時間

電子レンジオーブン
　　　　　　　　190℃　16〜17分
ガス高速オーブン
　　　　　　　　170℃　16〜17分

◎表面、側面ともにほどよいキツネ色になるまで焼きます。パートゥ・ドゥ・マロンが入っているため底は濃いめの焼き色がつきます。
◎絞ってから5分以内にオーブンに入れます。あまり長くおくと泡が消え、歯切れが悪くなります。

マロンのクレーム・オ・ブールを作る

5
クレーム・オ・ブールにパートゥ・ドゥ・マロン、蜂蜜、ダークラム、バニラエッセンスを加え混ぜます。

仕上げ

6
「アーモンドプラリネのダックワーズ」仕上げと同様にする。
◎ここでは1枚のパートゥに9〜10g絞ります。

Dacquoise aux Marrons

チョコレートのダックワーズ
Dacquoise au chocolat

私はずっとこんな男になりたいと思っていました。
口数はいつも少なく、心が女への熱き思いに浮かされようと、
涙こらえ切れぬ悲しみがこの身を襲おうと、悪意に満ちた侮蔑にわが身に爪を立てる悔しさも
全ては意識の底の出来事と心動かず曖昧を生きる自分になりたいと
心の底に波打つ穢れなき陰鬱は私には勝てぬ一時のただのきまぐれなのだと、
笑みを浮かべながら言える男になりたいと思っていました。
チョコレートのダックワーズ、私が思いを募らせた男なのです。

お菓子の作り方のポイント

ココアは吸水力が高く、卵白や全卵から水分をひっぱり、ムラングのバランスが崩れ、泡がつぶれやすくなります。特にココアはもともと歯触りを硬くしますので、益々歯切れの悪い焼き上がりとなります。これを防ぐためにココナッツの場合と同様にゆっくりめに混ぜます。混ぜる回数も全部で40回と、かなり少なくなります。

材料
11〜12組分

フォン・ドゥ・ダックワーズ

100g	卵白
20g	グラニュー糖 A
3g	乾燥卵白
13g	グラニュー糖 B
75g	アーモンドパウダー
45g	粉糖
10g	ココア
7g	シュークル・ヴァニエ
0.9g	シナモンパウダー
0.7g	ナツメグ
適量	粉糖

ショコラのクレーム・オ・ブール　約15個分（作りやすい分量）

83g	クレーム・オ・ブール（→P196）
	ガナッシュ（出来上がりから77g使用）
35g	サワークリーム
30g	スイートチョコレート（スーパー・ゲアキル）
21g	セミスイートチョコレート（ベネズエラ）*1
6滴	バニラエッセンス
6.4g	ホワイトキュラソー（オランジュ60°）

*1　ペルー産のチョコレートを使った、ベック社のクーヴェルチュール・セミ・スイートチョコレートを使用。カカオ分70％。

下準備

（1）**フォン・ドゥ・ダックワーズ**のアーモンドパウダー、粉糖は両手ですり合わせて混ぜ、2度ふるう。ココア、シュークル・ヴァニエ、シナモンパウダー、ナツメグも一緒に合わせておく。

（2）**ショコラのクレーム・オ・ブール**のガナッシュ用チョコレートはそれぞれ細かく刻んでおく。

（2）P28「アーモンドプラリネのダックワーズ」下準備（2）(3)と同様にする。

作り方

フォン・ドゥ・ダックワーズを作る

1
P28「アーモンドプラリネのダックワーズ」フォン・ドゥ・ダックワーズ作り方1〜14と同様にする。

◎泡立て終わった状態は、かなり盛り上がり、硬くしっかりとしています。

◎粉を加える時は、10秒間に10回程度の速さで20回混ぜます。ムラングが強くて硬いので、最初は混ざりにくいのですが、慌てないでゆっくり混ぜてください。

◎混ぜ終わった状態でパートゥがゆっくり流れる場合は、ムラングの硬さが足りなかったか、混ぜ方が正しくなかったかです。

◎混ぜ方によって歯触りや食感が違ってきます。混ぜる回数は20回を2回、計40回と少なくなります。

◎ココアによってムラングの泡がつぶれやすくなるので、混ぜる速度はココナッツの場合と同様にゆっくり混ぜます。また8割混ざったら早めに次を加えます。

🔥 焼き時間

電子レンジオーブン　180℃　16〜17分
ガス高速オーブン　170℃　17分

◎粉糖がふってある部分に薄めの焼き色がつき、側面・底にしっかりとした焼き色がついたらオーブンから出します。

ショコラの
クレーム・オ・ブールを作る

4
ガナッシュをつくる。銅ボウルにサワークリームを入れ、ごく軽く沸騰させて火を止める。刻んでおいたチョコレート2種を加え、ホイッパーで手早く混ぜる。【円】

5
クレーム・オ・ブールに4を加え、ホイッパーで混ぜる。【円】

6
バニラエッセンス、ホワイトキュラソーを加え、さらにホイッパーで手早く混ぜる。【円】

◎2回目までは少し分離したような感じになりますが、3回目で均一なポマード状になります。

仕上げ

7
P28「アーモンドプラリネのダックワーズ」仕上げと同様にする。

◎ショコラのクレーム・オ・ブールはクレームが温まらないように、軍手をしてクレームを絞ると作業がしやすいです。

◎ここでは1枚のパートゥに8g絞ります。

Dacquoise au chocolat

松の実のダックワーズ
Dacquoise aux pignons

松の実の味わいに積り重なってきた小さな心の中の傷のかさぶたをふっとこすられるような、
私にもうまく言い表せない、少し心は音もなく軋み、でも何故か心安らかな懐かしさが松の実の味わいに重なるのです。
カシスとも違う、私の心の奥底を表情もなく覗き込むような、
乾いた視線に見える淡い想いは何なのだろう。私の感覚は音を失うのです。

でも裏の表情はそれなりに温かくて優しい味わいです。

お菓子の作り方のポイント
ここでは、脂肪の多い松の実のペーストを入れるので、ムラングの泡がつぶれやすいので、混ぜる速度は少しゆっくりめ（10秒間で10回）の速さで40回くらいとなります。

材料
11 組分

フォン・ドゥ・ダックワーズ
100g	卵白
20g	グラニュー糖 A
10g	グラニュー糖 B
25g	松の実のペースト*1
6滴	バニラエッセンス
13g	松の実 A
75g	アーモンドパウダー
45g	粉糖
25g	松の実 B
適量	粉糖

松の実のクレーム・オ・ブール
90 g	クレーム・オ・ブール（→P196）
24 g	松の実のペースト*1
3 g	プラリネ・ノワゼットゥ（粗挽き）
1.8 g	ミルクパウダー（乳脂肪分26%）
3 g	熱湯
4滴	バニラエッセンス
竹串先で5滴	ビターアーモンドエッセンス

＊1　松の実のペーストは、フォン・ドゥ・ダックワーズ用と、松の実のクレーム・オ・ブール用合わせて作ります。少し多めに作り、それぞれ必要量に取り分けます。80gの松の実から約50gのペーストが取れます。

下準備
（1）松の実のペーストを作る。

①松の実を180℃のオーブンで10〜15分ほど、少しだけ濃い目のキツネ色に焼く。

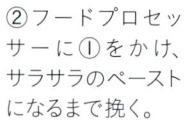

②フードプロセッサーに①をかけ、サラサラのペーストになるまで挽く。

③目の細かいふるいで裏ごしし、繊維部分を取る。
◎常温で2週間保存可能。

（2）アーモンドパウダーと粉糖はすり合わせて混ぜ、2度ふるう。

（3）（2）も含め、材料全てを冷蔵庫で冷やしておく。卵白はボウルごと冷やす。

（4）オーブンは予熱しておく。
電子レンジオーブン　190℃　20分
ガス高速オーブン　　180℃　10分

作り方

フォン・ドゥ・ダックワーズを作る

1
P28「アーモンドプラリネのダックワーズ」作り方 **1～2** と同様にする。松の実のペーストとバニラエッセンスに泡立てたムラングを少量とってのばし、ムラングに戻す。松の実Aも加える。

2
「アーモンドプラリネのダックワーズ」作り方 **3～12** と同様にする。ただし、混ぜる回数は40回。

3
この上に松の実Bを1個につき5～6粒ほど散らし、パレットナイフで軽く押しこむ。粉糖を均一にふる。5分後に再度粉糖をふる。

🔥 焼き時間

電子レンジオーブン　　　　　180℃　16～17分
ガス高速オーブン　　170℃　15分

◎粉糖がふってある部分に、松の実のペーストの褐色の濃い焼き色がつき、側面・底も同様にしっかりとした褐色の焼き色になったらオーブンから出します。

松の実のクレーム・オ・ブールを作る

4
ミルクパウダーを少量の湯（分量外）で溶いておく。

5
全ての材料をクレーム・オ・ブールに加え混ぜる。
◎ミルクパウダーとプラリネ・ノワゼットゥは松の実の味わいに明るさを与えるために加えます。

仕上げ

6
P28「アーモンドプラリネのダックワーズ」仕上げと同様にする。
◎ここでは1枚のパートゥに約10g絞ります。

Dacquoise aux pignons

バトネ・フロマージュ
Bâtonnet au fromage

いつの頃からか、生まれおちてからなのか、いや、もっと前からなのか。
小さな心に私はずっと日々の安寧が怖かった。
夜の空に小さく力を持って響く飛行機の音、心揺らす夜の視線を持った風の音。
秋の野にカサカサと風に吹かれる枯れ葉の音。
全てが私を「今」から連れ去るような悪音に満ちていた。
幸せな日常はそんなに長く続きはしないという不安がいつも私を小さく揺らし続けました。
そして私はいつも母の心に、母の存在にすがりつきました。
そしてまどろみました。でも時は私の心と母の思いを少しずつ遠ざけ、
私を無頼な人間に仕立てました。
もう手の届かない、いつか忘れてしまった。優しく暖かくふくらむ淡い乳の匂いの幸せ。

バトネ・フロマージュ
Bâtonnet au fromage

本当にふっくらとした人懐っこいチーズの味わいが心嬉しく口中に広がります。
ちょっと意固地で芯のある、楽しくリズミカルな歯ごたえが五感に届きます。
食べていると本当に嬉しく楽しくなってしまいます。ビールやワインのつまみに最高です。

お菓子の作り方のポイント

P79「チーズとアーモンドの塩味のクッキー」同様、パートゥ・ブリゼの作り方の応用編です。材料を全て冷やしておくのは、バターが溶けないように、また粉のグルテンが出すぎないようにするためです。パートゥは温度が高いとグルテンがより多く生成され、口溶けが悪くなります。もし作業中にバターが少しでも溶けてきて、粉がにじみ始めて少し重い手触りとなった場合はすぐに冷蔵庫か冷凍庫に一旦入れて冷やしてから作業を続けます。また焼き加減でだいぶ味わいが異なります。パートゥの中、表面、側面全て、明るいキツネ色に焼けば、チーズの暖かくて優しい味わいが膨らみます。

材料
8cm×1cm　132本分

	100g	バター
	100g	強力粉
	100g	薄力粉
A	100g	エダムチーズのすりおろし（細かく）
	20g	グラニュー糖
	3.2g	塩
	2g	こしょう（粗挽き）
	8g	チーズ・コンサントレ（チェダータイプ）*1
	44g	水
	適量	塗り卵（→ P24）
	60g	エダムチーズのすりおろし

*1　明治のチーズ・コンサントレ。チーズの風味を増します。

下準備

(1) 薄力粉、強力粉を合わせてふるい、冷凍庫で1時間ほど冷やしておく。

(2) バターは厚さ3mmにスライスし、冷蔵庫で冷やしておく。

(3) Aを合わせてよく混ぜ込み、冷蔵庫で1時間ほど冷やしておく。

(4) 21cmボウルを冷蔵庫で冷やしておく。

(5) のし台やめん棒は冷凍庫に入れておく。また保冷のためにのし台の下に敷くタオルも水で濡らして絞り、冷凍庫で板状に凍らせておく。

(6) チーズ・コンサントレに水を加えてホイッパーで均一になるように混ぜて溶かす。冷蔵庫で冷やしておく。

作り方

1 Le premier jour

1
P080「チーズとアーモンドの塩味のクッキー」作り方 1〜3 と同様にする。

2
冷やしておいた水とチーズ・コンサントレを1に6回に分けて刷毛で全面に散らす。

3
「チーズとアーモンドの塩味のクッキー」作り方 5〜7 と同様にする。まずパートゥを強く握り、4〜5個の塊にしてから1つにまとめる。だいたい均一になるように20回ほど大きく揉んでまとめる。

4
長方形に整えて、バットにのせ、ビニール袋に入れる。
◎パートゥに割れ目などが出来ないようにしっかりまとめます。一晩休ませると水、粉、バターなどが相互に浸透し、硬めのパートゥになります。

◉ 冷蔵庫で一晩休ませる

2 Le deuxième jour

5
オーブンは予熱しておく。
電子レンジオーブン 200〜210℃ 20分
ガス高速オーブン 170℃ 30分

6
一晩休ませたパートゥの半量(約230g)を切り取る。かなり硬いパートゥだが、強く叩きながら、めん棒で、できるだけきれいな長方形になるように形を整え、33cm×17cmにのす。もう半分も同様にする。
◎パートゥを叩く時に、もし割れ目が入ってしまった場合には指でつけます。また続けてのしていき、とび出したところは切り落とし、凹んだところにつけ足しながらのしていくと、無駄なパートゥを生かすことができます。

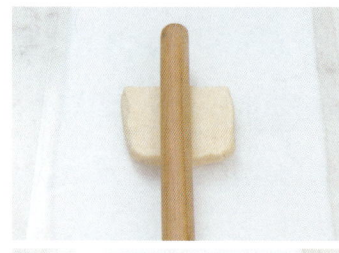

7
紙の上にパートゥを移し、包丁かパイカッターで両端を少しずつ切り落とし、さらに33cm×8cmを2枚とる。
◎もしパートゥが紙についてのびなくなったら、パートゥの上に手粉を少しふって紙をかぶせ、2枚の紙にはさんで裏返し、上になった紙を取って、更にのしていきます。

8
7を横にし、縦に幅1cmに切る。焼き縮みを少なくするために、ここで冷蔵庫に入れて1時間休ませる。
◎保存する場合はこの状態で冷凍庫に入れます(15日間ほど保存可能)。このパートゥはとにかく硬くて割れやすいので、紙の上に手粉をふり、この上にパートゥをのせてのし台で作業をするとのばしやすくなります。

9
切れ端は押して軽くまとめて重ね、めん棒で叩いてまとめる。ある程度まとまったらのし、長さ8cm、幅1cmに切る。

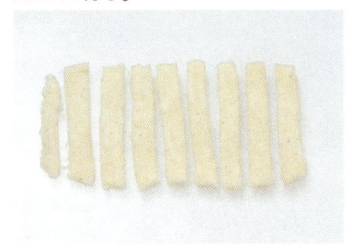

10
生地の表面に塗り卵を刷毛で軽く塗る。

11
エダムチーズのすりおろしを表面が隠れるくらいふりかけ、軽く押す。

12
天板にバターを刷毛で薄く塗り、霧吹きをしておく。10を3〜4本ずつパレットナイフを使って手に取り、余分なチーズをふり落として天板に並べ、オーブンに入れる。
◎このパートゥは広がらないので、間隔は2〜3mmあければよいでしょう。

🔥 **焼き時間**

電子レンジオーブン　　180℃〜190℃　16分

7分	表面のチーズに薄い色がつき始めます。
10分	中央はまだ白いが周辺はかなり色がつきます。
13分	周辺の2、3本は側面、底とも明るいキツネ色になります。
16分	すべて出します。

ガス高速オーブン　160℃　16分

6分	手前の4〜5本にチーズ色がつきます。奥、手前の向きを入れ替えます。
12分	端の3本に側面、底とも明るいキツネ色がついたら出します。
14分	さらに2本出します。
16分	すべて出します。

◎焼き具合は表面に十分明るいキツネ色がつき、底と横の断面にも十分濃い目の焼き色がつくくらいです。折ってみて、芯にも白いところがないようにしてください。

◎焼き過ぎるとすぐ苦くなりますので、必ず食べて確かめてみてください。十分に香ばしいけれど、それほど焦げていないといった程度です。

食べごろ	焼いた日から3〜4日間。
賞味期限	約1週間。
保存方法	常温。※湿気を防いで保存します。

Bâtonnet au fromage

サブレ・ノワ・ドゥ・ココ
Sablé aux noix de coco

私の一番大事な心の有様。淡き優しさ。
とても頼りなく壊れやすく見えるけれど、何度も私が崩れかけようとした時にそれを止めたものは、
私の心の片隅に住む朽ちゆくものへの愛おしさ。
心の中の数ある雑多な私の問いを緩やかにめぐり、ふるえる憤り、
悲しみをさすり続ける私の心のハンモック。それは在ることの悲しみから生まれ来たもの。

サブレ・ショコラ
Sablé au chocolat

心休まらぬ長き眠りの一つの果ての目覚め。一つの思いが意識の狭間へ転げ落ち、
身も心も、もうあり続けることなど出来ぬと、私はさめざめとか細く泣き続けた。
涙が果てればあれほどの悲しみももう既になく、空虚というのでもなく、
私の視線は感覚から解き放たれ見知らぬ世界を彷徨う。

サブレ・プラリネ
Sablé au praliné

かなりの量のプラリネが入り、とてもノーブルな味わいです。
1枚を食べ終わると心の大事なところがいつもと違った感覚に満たされ、
何故かふぅーっと心地よいため息が出てくる、そんな味わいです。
でも表情とは裏腹に食べた後に心に届くものは何か屈折した思いにかられた情念。

パートゥ・サブレ全体に共通するポイントは、一度も柔らかくなっていない、よく冷えたところで保存されたバターを使うことです。あまり手早く、また強く混ぜると、空気が入り過ぎ、焼き上がったパートゥが壊れやすくなったり、あるいはパートゥの密度が低くなり、パートゥに水分のあるものが入る場合など、より早く水分を吸い始めることになります。

素材を混ぜ合わせる時は、あまり空気を入れないようにして、目に見えないところでとにかくよく混ぜることが必要です。これによって焼成中にバターがもれ出したりすることは防げます。また歯触り、歯崩れも快いものになります。

粉を混ぜる時に、よく完全に混ぜないで少し粉が残っている方がよいと言われますが、これは間違いです。よく混ぜたパートゥを次の日に成形し終えることが大事です。

サブレ・ノワ・ドゥ・ココ
Sablé aux noix de coco

香り、歯ざわり、味わいの淡さが混然として、食べる人の感覚に愛しくもたれかかります。
絶妙な様々の要素の重なりあい、豊かな味わいと淡さが優しく重なります。

お菓子の作り方のポイント

サブレ・ノワ・ドゥ・ココは、パートゥにココナッツファインが多量に入るので、唐突な硬さが出ます。これを和らげ、口溶けをよくするために泡立て、よく空気を入れ込みます。砂糖、卵などを混ぜるときは、木べらで強めに10秒間で20回ほどで手早く、少し空気を入れるつもりで混ぜていきます。これは、食べたときに歯に当ってからの崩れ方が、唾液を吸いすぎないようにするためです。

材料
長さ32cmの棒状 2本分 (64枚分)

200g	バター
80g	粉糖
28g	卵黄
8滴	バニラエッセンス
200g	ココナッツファイン
200g	薄力粉
適量	シュークル・クリスタル

下準備

(1) 薄力粉はふるい、ココナッツファインと合わせて冷蔵庫で1時間以上冷やしておく。

(2) バターを厚さ1cmほどに切って18cmボウルに広げて入れ、室温に30分〜1時間おき、少し硬めのポマード状(→P180)にする。

(3) 24cmボウルを冷蔵庫で冷やしておく。

(4) のし台は冷凍庫で冷やしておく。また保冷のためにのし台の下に敷くタオルも水で濡らして絞り、冷凍庫で板状に凍らせておく。

作り方

1 Le premier jour

1
バターを木べらで練り、粉糖を5回に分けて加え、10秒間で20回ほどの速さで、100回ずつ手早く混ぜる。【平行だ円】

2
1に卵黄を3回に分けて加えて、同様に100回ずつ混ぜる。十分に混ざったらバニラエッセンスを加えて、24cmのボウルに移し替える。

3
ココナッツファインを2回に分けて、加え混ぜる。1回目は木べらで、手早く強い力で十分に混ぜる。【平行直線の後、平行だ円】
ココナッツファインが見えなくなってから、さらに30回ほど混ぜる。

4
2回目のココナッツファインも同様に木べらで、手早く強く混ぜる。
◎かなりしまって硬くなり、混ぜにくくなってきます。
◎どうしても混ぜにくくなったら、ここから手で混ぜても構いません。手で生地を軽くすりつぶしてから重ね、さらにすりつぶすように混ぜていきます。

5
ココナッツファインが見えなくなったら、強い力ですりつぶすように30回ほど混ぜる。

6
粉の半量を5に加え、手で混ぜる。

7
粉の残りが少しになってきたらパートゥを下からすくい上げて裏返し、押しつぶすようにして混ぜていく。ほぼ粉が見えなくなってきてから、さらに15回ほどこれを繰り返す。

8
残りの粉を加え、同様に混ぜ込む。粉が見えなくなったらさらに15回混ぜる。

9
出来上がったパートゥは等分にし、冷やさずにすぐにここで両手で棒状にまとめる。

10
打ち粉をふったのし台の上に9をおき、転がしながら、長さ32cmの棒状にする(1本約380g)。

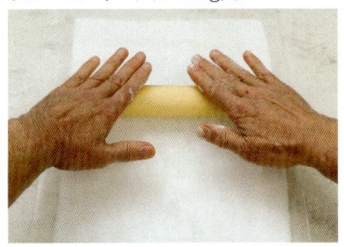

◎指を斜めにして、手のひらいっぱいを使って転がすと、パートゥに指の跡をつけずに丸めることができます。

11
凹凸になった両端をカードで強く押して整え、紙を敷いたバットにのせ、ビニール袋に入れる。

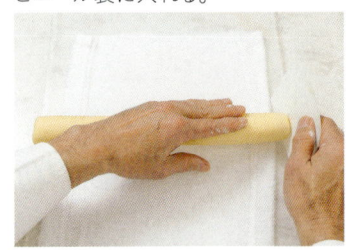

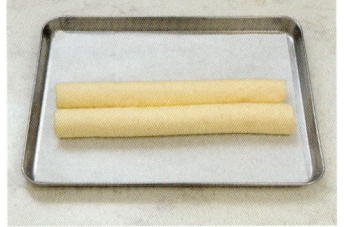

🔅 冷凍庫で一晩休ませる
◎冷凍保存する際もこのタイミングで。15日間ほど保存可能。

食べごろ	1週間。
賞味期限	約10日間。
保存方法	常温。 ※湿気を防いで保存します。

52 | Sablé aux noix de coco

2 Le deuxième jour

12
オーブンは予熱しておく。
電子レンジオーブン　230℃　20分
ガスオーブン　　　　190℃　10分

13
一晩休ませたパートゥは、切る前に冷蔵庫に5分ほど移し、少しだけ温度を上げ、割れないようにしてから布巾で表面を拭いて濡らす。

14
シュークル・クリスタルを入れたバットに13を入れて転がし、全体にまぶす。

15
包丁で厚さ1cmに切る。

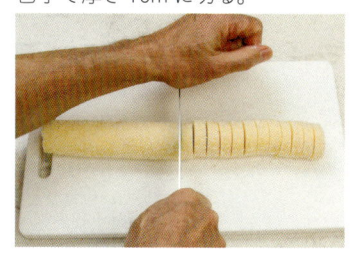

16
天板に並べ、オーブンに入れる。

🔥 **焼き時間**

電子レンジオーブン
　　　　　　210℃　11分30秒

3分30秒	パートゥが広がり始めます。
5分	広がり終わり、縁に少しだけ色がつき始めます。
7分	側面にも色が付き始めます。
10分30秒	底はいくらか強めのキツネ色で、表面は周りが程よいキツネ色、真ん中は薄めになっています。
11分30秒	全て出します。

ガス高速オーブン
　　　　　　180℃　10分30秒

◎全てが同時に丁度よく焼き上がることはありません。よい状態になったものから取っていきます。残りはさらにオーブンに入れます。

◎ココナッツの香り、味は淡いので、あまり濃い焼き色を付けてしまうと、かえってこのサブレの淡い優しいうまさを損なってしまいます。底部もいくらか濃い目のきつね色でよいでしょう。

◎弱い火で加熱しすぎてしまうと、このサブレの優しいホロッとした歯触りと崩れ方は損なわれます。

◎このココナッツのサブレはあくまで淡い歯触りが特徴です。2つに割ってみて真ん中に厚さ2mmほどまだ湿っている部分が残るくらいで焼くのをやめます。

サブレ・ショコラ
Sablé au chocolat

カリンとした歯触りの中から悠然と心の広いチョコレートの芯のある味わいが現れ、
歯触りの余韻に重なり合い、少しの奇を感じさせます。
歯に感じる一見シンプルに思えるカリンとした感覚がこれほどの表情を持っているのはあまりないように思えます。
カリン、一口噛み、また一口噛み、何故かわたしの意識は鋭くとがり始めるのです。

お菓子の作り方のポイント

このクッキーは、砂糖の割合がかなり多く、また焼いた時にかなり広がります。歯触りも、砂糖が生きたカリッとした感じが強いお菓子です。さらにチョコレートの味と香りが力を持って重なります。チョコレートは、必ず最後の段階で加えます。最初から加えてしまうとチョコレートが崩れ、味と色が生地に移ってしまいます。その結果、味と香りのコントラストが薄れてしまいます。もちろんチョコレートは香り、味わいのしっかりしたものを使います。

材料
長さ30cmの棒状　2本分　（60枚分）

175g	バター
100g	粉糖
1.7g	塩
10滴	バニラエッセンス
250g	薄力粉
100g	スイートチョコレート（アメール・オール）*1
適量	シュークル・クリスタル

*1 チョコレートの味とカカオバターの味わいがはっきりした、スイートチョコレートのクーベルチュールを使ってください。イル・プルーでは、独自に輸入しているフランスのベック社のアメール・オール（カカオ分66%）を使っています。

下準備

（1）チョコレートを刻み、目の粗いふるいにかける。
◎ふるいに残ったものの中で、3mm角より大きいものは手で取り除き、残りを使います。また取り除いた大きい塊は、もう一度刻んで、目の粗いふるいにかけます。

（2）薄力粉はふるい、冷蔵庫で1時間以上冷やしておく。

（3）バターを厚さ1cmほどに切って18cmボウルに広げて入れ、室温に30分〜1時間おき、少し硬めのポマード状（→P180）にする。

（4）粉糖と塩を合わせておく。

（5）24cmボウルを冷蔵庫で冷やしておく。

（6）のし台は必ず冷凍庫で冷やしておく。また保冷のためにのし台の下に敷くタオルも水で濡らして絞り、冷凍で板状に凍らせておく。

食べごろ	1週間。
賞味期限	約10日間。
保存方法	常温。※湿気を防いで保存します。

作り方

1 Le premier jour

1
P51「サブレ・ノワ・ドゥ・ココ」の作り方1〜11と同様にする。
◎卵黄、ココナッツファインは入りません。
◎粉の半量を混ぜ終わり、残りの粉を加えて混ざりかけたところで、刻んだチョコレートを加えます。

2
出来上がったパートゥは等分にし、長さ30cmの棒状にする（1本約300g）。紙を敷いたバットの上にのせ、ビニール袋に入れる。
◎このパートゥは卵や卵黄の水分が加わらないのでグルテンは少ししか生成されず、あmとまりにくくなります。すぐにパートゥを台の上で転がすと割れやすいので、20〜25cmくらいまでは両手で丸く握るようにして長さを出し、それから台の上で30cmまで丸めればパートゥは割れません。

冷凍庫で一晩休ませる
◎冷凍保存する際もこのタイミングで。15日間ほど保存可能。

2 Le deuxième jour

3
オーブンは予熱しておく。
電子レンジオーブン　230℃　20分
ガスオーブン　　　　190℃　10分

4
「サブレ・ノワ・ドゥ・ココ」作り方13〜16と同様にする。

焼き時間
電子レンジオーブン
　　　　　210℃　11分30秒
ガス高速オーブン
　　　　　180℃　10分30秒
◎あまり焼き色を深くすると、チョコレートの味や香りが失われてきます。底と側面にきれいな焼き色がつき、中心はまだごく薄い程度がよいでしょう。

Sablé au chocolat

サブレ・プラリネ
Sablé au praliné

そこには私とは正反対の自分の心から距離をおくことが出来る、斜に構えた格好のいい男がいます。
もちろん私は憧れました。でもどんなにしても私には叶わない役回り。
もし叶っていれば、私の肩はもっと軽かっただろうなと思います。

私を支えてきたものは劣等感としか言いようがないのです。
その人にとっての極限の力を与えるもの、
それは侮蔑によって湧き上がる惨めさと悔しさ。
でもそれを言葉に出せば、涙を流せば、もう何も残りません。
言葉を吐かず、涙に助けを求めず、先に進もうとすれば
何の躊躇もない、在ることから生まれる極限のエネルギーが与えられます。
振り返れば、自分を超えた力を得るために、惨めさと悔しさを自ら求め、
胸をかきむしり喘いだこれまでだったと思えるのです。

お菓子の作り方のポイント

このクッキーにはノワゼットゥ(ヘーゼルナッツ)のプラリネが多量に入ります。プラリネはローストしたノワゼットゥとキャラメルをローラーを通してペースト状にしたものです。生地をのばす時にはしっかりとのし台は冷えていなければなりません。多量のプラリネのためにグルテンの生成が抑えられているので、生地は切れやすく、一度切れ始めると元には戻りません。また既にかなり焦げているものが入っているので、焼き色をあまり濃くしてしまうとその中にプラリネの味わいが埋れてしまいます。ほどよいキツネ色に焼くことが大事です。

材料
約20枚分

100 g	バター
17 g	粉糖
219 g	プラリネ・ノワゼットゥ
40 g	卵黄
5 滴	バニラエッセンス
100 g	薄力粉
100 g	コーンスターチ
適量	シュークル・クリスタル

下準備

(1) 薄力粉とコンスターチは合せてふるい、冷蔵庫で1時間以上冷やしておく。

(2) バターを厚さ1cmほどに切って18cmボウルに広げて入れ、室温に30分〜1時間おき、少し硬めのポマード状(→P180)にする。

(3) 24cmボウルを冷蔵庫で冷やしておく。

(4) のし台やめん棒は冷凍庫で冷やしておく。また保冷のためにのし台の下に敷くタオルも水で濡らして絞り、冷凍庫で板状に凍らせておく。

作り方

1 Le premier jour

1
バターを木べらで練り、粉糖を2回に分けて加えて10秒間で15回の速さで100回ずつ手早く混ぜる。【平行だ円】

2
プラリネ・ノワゼットゥを3回に分けて加え、同様に50回ずつ混ぜる。

3
さらに卵黄を3回に分けて加え、同様に50回ずつ混ぜる。バニラエッセンスも加える。

4
24cmボウルに移し、粉を2回に分けて加え混ぜる。最後にカードで底から折りたたむように15回混ぜてまとめる。力強い力で切り混ぜるようにしながら十分に混ぜる。【平行直線の後、平行だ円】

5
パートゥを長方形に整えてバットにのせ、ビニール袋に入れる。

🕛 冷蔵庫で一晩休ませる

2 Le deuxième jour

6
オーブンは予熱しておく。
電子レンジオーブン　230℃　20分
ガス高速オーブン　　200℃　10分

7
パートゥを取り出し、のし台の上におく。めん棒で叩いてある程度パートゥにのびる力が出てきたら、厚さ4mmにのす。直径4.5cmの丸抜き型で抜く。
◎薄いパートゥは紙にのせて冷やし固めてから抜くと楽です。

8
ベーキングシートを敷いた天板に並べ、シュークル・クリスタルをふり、軽く押さえる。オーブンに入れる。

🔥 焼き時間

電子レンジオーブン　200℃　11分
ガス高速オーブン　　190℃　10分
◎既に焦げた味わいのプラリネが入っているので、あまり強い色をつけないように焼き上げます。

食べごろ	焼き立てよりも、3日経つともっとおいしくなります。
賞味期限	約10日間。
保存方法	常温。※湿気を防いで保存します。

Sablé au praliné | 57

テュイル・オ・ザマンドゥ
Tuiles aux amandes

このテュイルへの味わいのイメージは私の生き様と共に作られてきたように思えるのです。
このテュイルはつい15年ほど前からの味わいなのです。一つの物事に向かう時、私は例えようもないほどに臆病なのです。
私が初めてフランスから帰ったばかりの頃は、性格そのままの何となくテュイル、そんな味わいでした。
でも人生の波風の中で、自分から逃げ惑う惨めさ、
胸かきむしる悔しさが私の人生への思いに重みと力、破滅への憧れを与えました。
私の感情の幾つかは、それまで意識しなかった力と、決して自分の意識を緩めようとしない獰猛さを増してきました。
私はこの一枚の薄い食べ物の中に全ての感情を囲い込もうとしたのです。これは狂気なのです。
でも私にはこれがテュイルなのです。
私は自分の手でテュイルを焼く時に全身の意識が聳えたち、薄いパートゥの中に味わいのイメージが満ちるのです。
私にとってテュイルはとりわけ特別のお菓子なのです。

テュイル・オ・ザマンドゥ
Tuiles aux amandes

もちろんテュイルもアーモンドのおいしさ次第です。
このテュイルには本当に薄い1枚のパートゥの中に様々な味わいの要素が重なり合い、
それがそのまま口から嬉しく五感に伝わります。
でもテュイルは手間がかかるので、本当の手作りのテュイルはあまり見なくなりました。
寂しいですね。私もテュイルが大好きです。

お菓子の作り方のポイント

テュイルは薄く焼き上げます。わずか1.5mmほどの薄さの中に、表面はかなりの焦げ色、中は色をつけずに焼き上げます。これによって味わいに膨らみと多様性が出てきます。怖がらずに高温で焼きます。低温で焼けば薄いパートゥは表面から中心まで全て同じ色に焼き上がります。こうなると味わいは膨らまず、薄っぺらなものになります。たった1.5mmの厚さの中にそれを焼く人のお菓子への思いが反映されます。

材料
直径約7cm　18〜19枚分

- 27g　全卵
- 13g　卵白
- 62g　グラニュー糖
- 2.5g　サワークリーム
- 5滴　バニラエッセンス
- 12g　薄力粉
- 19g　焦がしバター（→P24）
- 62g　アーモンドスライス

下準備

(1) 薄力粉はふるっておく。

作り方

1 Le premier jour

1
ボウルに全卵、卵白を入れ、ホイッパーでほぐす。【直線反復】

2
グラニュー糖を加え、10秒間に15回ほどの速さで、同様によくほぐす。

3
サワークリーム、バニラエッセンスを加え混ぜる。さらに薄力粉を加えよく混ぜる。【円】

4
焦がしバターを加え、よく混ぜる。

食べごろ	3〜5日くらい。
賞味期限	約1週間。
保存方法	常温。

5
スライスアーモンドを加え、木べらでアーモンドを崩さないようにして表面にアパレイユがつくまで混ぜる（左）。出来上がったら、常温で一晩休ませる（右）。
◎一晩休ませた方が、さまざまな素材がよく混ざり合い、味、香りに力強さが出てきます。必ず次の日に焼きます。日にちが経つとだんだん粘りが強くなり、伸ばしにくくなります。

🐟 冷蔵庫で一晩休ませる

2 Le deuxième jour

6
オーブンは予熱しておく。
（天板予熱あり）
電子レンジオーブン　230℃　20分
ガス高速オーブン　　200℃　10分

7
一晩休ませたパートゥをよく混ぜる。

8
バットにベーキングシートを敷き、パートゥをおく。全部ベーキングシートの上においたら、それぞれの量を調整し、同じ量にする。
◎1枚のパートゥが多すぎると短時間ではなかなか焼けず、過度に水分が残ります。少なすぎると薄くなりすぎ、パートゥの全ての部分に強く色がついてしまい、味わいに豊かさが出てきません。

9
フォークに水をつけながら、パートゥを叩くようにして大体丸くのばす。
◎のばしてからオーブンに入れるまでに、10分間以上時間があく場合には、表面に軽く霧吹きをしてからオーブンに入れると、表面の焼き色にツヤが出ます。

10　予熱した天板に移し、オーブンに入れる。

🔥 焼き時間

電子レンジオーブン
　　　　　　　　230℃　6～7分
ガス高速オーブン
　　　　　　　　200℃　6～7分

時間	状態
1分	すぐにパートゥの表面が凹凸に膨れます。
2分	周囲1～2mmにかなり濃い焼き色がつき始めます。
4分30秒	早いものは、真ん中が1～1.5cmほどだけ白く、あとは十分な焼き色がついてきます。
6～7分	縁はかなり深い焼き色がついてきます。底もかなり濃いキツネ色になります。

◎このお菓子は低温で全体を均一な色に焼いてしまうと、味、香りに力強さがなくなります。周囲は濃く、真ん中は白い部分が残るほどに焼きます。
◎真ん中は白い部分が少しあって良い。しかし、底の焼き色は十分に強くつけます。焼き上がってから、2～3時間で真ん中の少しカリっとした水分の残っている部分も、ほど良いしっかりとした硬さとなります。

11
焼き上がったらオーブンから出し、おこし金で外して、裏返してトヨ型に入れて形を整える。
◎多少焼け方にばらつきがあるので、その場合は更に焼くものも。

弓田亨コラム 1

豊穣の極み。私の感覚を圧倒するレリダのアーモンド

スペインで学んだ、
ゆたかなミネラルを含む大地の恵み

　私の素材探しは、まずフランスから始まりました。もちろんフランスの地は豊かで、それぞれの土地に心と身体を包み込むおいしさをたたえたさまざまの産物があります。しかしアリクサ社のアーモンドを得るために初めてスペインのカタルーニャ地方、内陸の地レリダを訪れた時は衝撃でした。
　すべての食べ物に圧倒され続けました。ただ、とてもおいしいのではありません。熱を持った力に溢れたおいしさなのです。新鮮なオレンジ、エスカルゴ、ワイン、スペイン版プリンともいうべきクレーム・カタラン…。口に運ぶにつれ、自己のあらゆる感覚が力に揺さぶられるようなおいしさでした。クレーム・カタランなどは、世の中にこんなにおいしいものがあるんだなぁと、それを食べている自分に、言いようのない幸せな気持ちを持ったことを覚えています。
　スペインの全ての土が今も豊かなミネラルを含んでいる。これが初めてのスペインの旅の印象でした。そして陸から下る豊かな栄養素を含んだ雨水は陸を潤すのです。海は陸によって生かされています。"陸は海のかけがえのない母なのだ"ということを学んだ旅でもありました。
　そのスペインの土地の中でもカタルーニャの内陸の地レリダには、さらに豊かなミネラルが含まれていたのです。
　現在スペインには100種類以上のアーモンド種が栽培されていますが、なかでも品質の高いアーモンドとして知られるマルコナ種、ラリゲータ種、バレンシア種などが日本に輸入されています。またマルコナ種をはじめ、どの品種にも栽培される地域や土壌によって、品質や風味の良し悪しは変わってきます。年間の降雨量が多い海側の地域などでは地中のミネラルが雨水によって常に流され続けており、土中のミネラルは希薄になって、十分なミネラルを摂り入れることが出来ず、アーモンドの味わいも弱くなります。
　例えばマルコナ種でもレリダの地には、もともと土中に豊かなミネラルを含み、雨もたまにしか降らず、ミネラルは今も流されることなく温存されているのです。アーモンドやオリーブの木は水分を求めて地中深く根を張り、より豊かなミネラルを吸い上げ、スペインの中でも、最上の味わいを作り上げます。同じスペインでも、雨の多いマヨルカ島や、バルセローナ、アリカンテなどの海側の地域で収穫されたものに関しては、アーモンドの実そのものに栄養分が蓄積出来ず、味わいが一段乏しいものになります。

私の執念が実らせた、
スペイン産アーモンドの輸入事業

　今では普通に輸入されているスペイン産アーモンドですが、今から20年近く前まではスペイン産のアーモンドは青酸が大量に含まれているという根拠のない理由によって輸入が認められていませんでした。しかしパリのミエ店で使っていたスペイン産の本当に旨いアーモンドをどんなことがあっても使いたいという執念のもとに、その輸入を初めて可能にしたのは、紛れもなく私です。
　今から10数年前、スペイン各地からアーモンドのサンプルを取り寄せ、1ヶ月間ほどローストして食べたり、ダックワーズやビスキュイ・アマンドゥを何度も焼くなどして、アーモンドの味わいを比べました。すべてにおいてアリクサ社のマルコナ種アーモンドが、群を抜く、深い印象的な味わいを示してくれました。そしてアリクサ社のアーモンドを取り寄せることにしました。これは後ほど分かったことですが、こんなに味わい豊かなスペイン産のアーモンドをぜひ日本で使ってみたいと私に思い込ませた「パティスリー・ミエ」でドゥニさんが使っていたアーモンドも、偶然ではありますが、アリクサ社のものだったのです。私の選択は正しかったと確信することが出来ました。
　フィナンスィエ、ビスキュイ、ブラン・マンジェ、その他さまざまのアーモンドを使ったお菓子のおいしさが、今までとはまったく変わり、さらに、おいしくなりました。

マルコナ種のアーモンドの魅力は、
他の素材の味わいをも引き立てる統合力

　ビター香は少なく、しかし他の全ての味わいの要素を備えた、豊穣極まりない、私が世界で一番おいしいと思うアーモンドです。とにかくこのアーモンドを加えると全てのビスキュイ、ジェノワーズ、ダックワーズ、マカロンの味わいが温かく、温かく、力を持った存在に変わります。このアーモンドの柔らかな統合力が、他の素材の味わいをも引き立ててくれます。ここが凄い。細い、神経質な技術はいりません。
　とにかく今のアーモンドから、このスペイン産マルコナ種のアーモンドに変えてみてください。全てのものが朗らかな味わいに大変身してしまいます。

第 2 章

驚かずにはいられない、
一人のパティスィエが作り上げた、
果てしなく広い味わいの世界

店の歴史そのものの、
とびきりのおいしさの数々、懐かしいお菓子から新作まで

天才の味わい
ポンス・ノワゼットゥ
Ponce aux noisettes

わたしをいつもじっと見つめる、深淵の中の私。
心の動きが絶えず沸き上がる生命と情念のせめぎ合うところよりもっと深く、みじろぎもせず私を見つめる。
視線は揺れず、心の高ぶりもなく私を見つめる。
私はたじろぎ続け、擦り減り、存在を保つことに疲れ、私は哀れな自己の消滅を試みた。
私の人として存在を分けたあの夜、あの時、それから私は少しの恐れもなく、
あの視線を見つめ返し続けた。
でも私には未だ分からない。何なのだ。少しの感情も読みとれぬあの目は。

ポンス・ノワゼットゥ
Ponce aux noisettes

誰も立ち入ることのできない、深く混沌とした味わいの領域から来た味わいです。
全ての感覚が琥珀色に染まります。

お菓子の作り方のポイント

何と言ってもパートゥの焼き具合が大切です。インスタントコーヒーの粉の色とほぼ同じくらい濃く焼き上げます。これが感覚の奥底にまで届く深い香りとちょっとくぐもった印象的なりんとひびく軽やかな歯触りを生み出します。

材料
15組分

フォン・ドゥ・ダックワーズ

100g	卵白
12g	グラニュー糖A
14g	グラニュー糖B
2g	コーヒーエッセンス
62g	アーモンドパウダー
62g	粉糖
5g	インスタントコーヒー
	（ネスカフェゴールドブレンド）
22g	ヘーゼルナッツ（半割）A
23g	ヘーゼルナッツ（半割）B
適量	粉糖

クレーム・ノワゼットゥ

100g	ヘーゼルナッツ（半割）
70g	粉糖
30g	ミルクチョコレート（ラクテ・エクストラ）
6g	カカオバター

食べごろ	すぐに食べておいしいです。
賞味期限	作ってから約1週間。
食べる温度	20℃。
保存方法	クレームが溶け出して口溶けが悪くならないように5℃以下の冷蔵庫で保存。

下準備

(1) **フォン・ドゥ・ダックワーズ**のアーモンドパウダー、粉糖は両手ですり合わせて混ぜ、2度ふるう。インスタントコーヒーを加え混ぜておく。材料は全て冷やしておく。卵白はボウルごと冷やしておく。

(2) ヘーゼルナッツの半割は180℃のオーブンで焼き色をつけておく。**フォン・ドゥ・ダックワーズ**用（写真上）は、軽いキツネ色、**クレーム・ノワゼット**用（写真下）は、かなり濃い焼き色をつける。

(3) オーブンは予熱しておく。
電子レンジオーブン　180℃　20分
ガス高速オーブン　　160℃　10分

作り方

フォン・ドゥ・ダックワーズを作る

1
卵白にグラニュー糖Aを加え、ハンドミキサー（ビーター2本）の速度2番で1分→速度3番で2分、グラニュー糖Bを加え、さらに30秒泡立てる。コーヒーエッセンスを加え、軽く混ぜる。

2
P28「アーモンドプラリネのダックワーズ」作り方 3 〜 6 と同様にする。全部加えたらボウルの内側を払い、30回混ぜる。これを2回繰り返し、計90〜100回、手に柔らかさを感じ、パートゥに十分ツヤが出るまで混ぜたら、ヘーゼルナッツAを加え10回混ぜる。

3
「アーモンドプラリネのダックワーズ」作り方 7 〜 14 と同様にする。
◎パートゥを絞る前に、シャブロンにヘーゼルナッツBを2個ずつ散らします。
◎粉糖は茶こしでごくごく軽くふりかけます。

🔥 焼き時間

電子レンジオーブン　　　　160℃　45分前後
ガス高速オーブン　　　　150℃　40〜45分
◎割ってみてこんがりとコーヒーの色になるまで焼きます。

クレーム・ノワゼットゥを作る。

4
材料を全てフードプロセッサーにかけてどろどろの状態まで挽く。

仕上げ

5
「アーモンドプラリネのダックワーズ」仕上げと同様にする。
◎1枚のパートゥに対して10g絞ります。

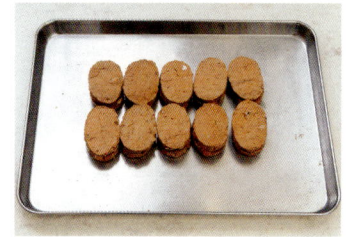

Ponce aux noisettes

サブレ・デュ・マンディアン
Sablé du mendiant

私は生まれてこのかた、自信というものを持てたことはありません。
ずっと自分のふがいなさ、頼りなさ、心の弱さを憎み、じくじくと歳を重ねてきたようです。
そんな私だからこそ、心の中には私と正反対の自分への憧れが、夢想がいつもありました。
私の神への思いほどに気高く、暖かく、視線は果てしなく朗らかに天にのび、微笑みは柔らかく天の蒼さを宿し、
私のどこかにはきっとそんな自分がいるはずだ。生きていけばいつかは、私も惨めな心の抜けがらを脱ぎ捨てるはずだ。
そんな思いに生きた頃もあったのでした。

サブレ・デュ・マンディアン。私には何とも頼もしく、凛と空に立つ味わいなのです。
このお菓子は多感な頃の様々の隙間に落ち込みそうだった自分の手を引き上げた人間の日常を強く感じさせるのです。

天才の味わい
パレ・オ・プラリネ・アマンドゥ
Palet au praliné amande

もう私は没するだけだと感じた苦渋の時の流れの終わりにさえも、束の間に訪れる安堵の時。
私の思いの世界に、力に満ちた熱を持った充足感が、溢れすぎるほどでもなく、
ちょうどたっぷりと満ちてくるのです。時の流れはたったひとつの助け人。
あれほど猛りきった顔も、不安にうろたえる顔も、寂しさに頬を落ちる涙もなく、何故か私は爽やかに一人。
全ての私が手を取り合い、不足するものもなく、ゆったりと暖かく交わり合う。存在の幸せを感じる味わい。
次の刹那、私は再び自分に立ち向かおうと身構える、私の誰かが私の背中をせわしなくたたく。

サブレ・デュ・マンディアン
Sablé du Mendiant

このお菓子は私の生涯のパティシィエとしての師であり、友である
フランス・パリ「パティスリー・ミエ」のシェフドゥニ・リュッフェル氏の日本での講習会で作られた彼のオリジナルです。
数種類のナッツを使うと「マンディアン」という名前がつきます。

お菓子の作り方のポイント

砂糖の多い、カリンとした歯触りがジャンドゥージャとパートゥ・サブレの味わいにとてもよくマッチします。基本のパートゥ・シュクレ（→P180）の作り方に従って、よい状態のパートゥ・シュクレを作ることが大切です。

材料

6cm角　12個分

パートゥ・サブレ（6cm×6cm　約24枚分）

100g	バター
63g	粉糖
0.3g	塩
20g	全卵
1.4g	バニラエッセンス
62.5g	強力粉
62.5g	薄力粉
29g	アーモンドパウダー
29g	ココナッツパウダー

アパレイユ・クルスティアン

18g	牛乳
50g	粉糖
8g	卵黄
4滴	バニラエッセンス
13g	薄力粉
13g	強力粉

ガルニテュール・ドゥ・フリュイ・セック

10g	ピスターシュ
10g	アーモンドホウル（皮むき）
10g	アーモンドホウル（皮むき）
10g	ヘーゼルナッツ
10g	くるみ
60g	ジャンドゥージャ

下準備

(1) **パートゥ・サブレ**の強力粉、薄力粉は合わせてふるい、冷蔵庫で1時間以上冷やしておく。アーモンドパウダーとココナッツパウダーも合わせて冷やしておく。粉糖と塩は合わせて冷やしておく。

(2) **パートゥ・サブレ**のバターは厚さ1cmほどに切って18cmボウルに広げて入れ、室温に30分〜1時間おき、少し硬めのポマード状（→P180）にする。

(3) のし台やめん棒は冷凍庫に入れて冷やしておく。また保冷のためにのし台の下に敷くタオルも水で濡らして絞り、冷凍庫で板状に凍らせておく。

食べごろ	3〜5日目くらい。
賞味期限	約1週間。
保存方法	常温。

作り方

パートゥ・サブレを作る。

1 Le premier jour

1
P180「パートゥ・シュクレ」と同様にする。
◎バニラエッセンスはバターに全卵を入れ終わった後に加えます。
◎アーモンドパウダーとココナッツパウダーを一度に加え混ぜる。【平行だ円】粉を2回に分けて加え、切り混ぜとすりつぶしでしっかり混ぜる。

冷蔵庫で一晩休ませる

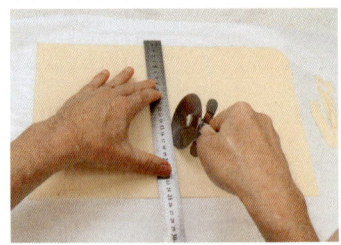

2 Le deuxième jour

2
冷やしておいたのし台の上にパートゥをのせ、打ち粉をふり、めん棒で厚さ2.5mmにのす。紙の上にパートゥをのせ、6cm×6cmに、パイカッター等を使って切る。24枚取れる。
◎のしたパートゥはアパレイユを塗るまで冷凍庫に入れておきます。

アパレイユ・クルスティアンを作る。
（軽いカリッとした歯触り）

3
強力粉と薄力粉は合わせてふるう。

4
ボウルに牛乳と粉糖を入れ、ホイッパーで混ぜる。【円】
卵黄を加え混ぜる。

5
3の粉を一度に加えて、ホイッパーで混ぜる。最後にバニラエッセンスを加え混ぜる。

ガルニテュール・ドゥ・フリュイ・セックを作る。

6
材料を全て5mmほどに刻んでおく。

焼成・仕上げ

7
オーブンは予熱しておく。
（天板予熱あり）
電子レンジオーブン　220℃　20分
ガス高速オーブン　　190℃　10分

8
バットの上にベーキングシートを敷き、霧吹きをする。パートゥにアパレイユ・クルスティアンをごく薄く塗り、上面になるパートゥにだけ**ガルニテュール・ドゥ・フリュイ・セック**をふりかけ、軽く押さえる（1枚につき約2g）。予熱した天板に移し、オーブンに入れる。
◎アパレイユ・クルスティアンを厚く塗ると表面が過度にボコボコに焼き上がります。

🔥 **焼き時間**
電子レンジオーブン　190℃　10分
ガス高速オーブン　　180℃　10分
◎表面の半分から全面にキツネ色の焼き色がつくまで焼きます。

9
溶かしたジャンドゥージャを20℃ほどに冷めたガルニテュールをふりかけていないパートゥに塗り（1枚につき5g）、ガルニチュールをふりかけたパートゥでサンドする。

パレ・オ・プラリネ・アマンドゥ
Palet au praliné amande

このお菓子は確かにこの日本で生まれました。
でも味わいの力強さはまるで彼の地の伝統を背負ってたつと思えるほどの多様性と多重性をもった五感の全てが満たされ、力を持ったおいしさです。

お菓子の作り方のポイント

製法はシンプルです。このようなお菓子は特に使う素材が大切です。私共と同じものを使ってください。またパートゥ・グラニテやアマンドゥ・ショコラ・プラリネは記してある厚さ通りに作ってください。これ以上厚くなると細やかな味わいが分からなくなってしまいます。

材料
直径 6cm　10 枚分

ショコラ・プラリネ　　1 枚につき 15g 使用

57g	プラリネ・アマンドゥ（粗挽き）
8 滴	バニラエッセンス
31g	ミルクチョコレート（ラクテ・エクストラ）*1
62g	アーモンドダイス

1 個に 2.5g パートゥ・グラニテ（→ P25）

パータ・グラッセ・ブロンドゥ

50g	パータ・グラッセ・ブリュンヌ
50g	ミルクチョコレート（ラクテ・エクストラ）*1

*1　ベック社のミルクチョコレート、クーベルチュール・ラクテ・エクストラを使用。カカオ分約 37%。

下準備

（1）**ショコラ・プラリネ**用のアーモンドダイスは、180℃のオーブンで軽くキツネ色に焼く。20℃ほどに温度調整をしておく。

（2）**ショコラ・プラリネ**のチョコレートはテンパリング（→ P71）しておく。

（3）オーブンは予熱しておく。
（天板予熱あり）
電子レンジオーブン　200℃　20 分
ガス高速オーブン　　190℃　10 分

（4）**パータ・グラッセ・ブロンドゥ**の 2 種類のチョコレートを細かく刻んで合わせ、湯煎で溶かしておく。

ここでは直径 6cm、厚さ 5mm のシャブロンを使います。

作り方

ショコラ・プラリネを作る。

1
ボウルにプラリネ・アマンドゥを入れ、バニラエッセンスを加え、木べらで混ぜる。

2
チョコレートを加え、木べらでよく混ぜる。【平行だ円】

3
アーモンドをダイスを加え、同様に混ぜる。

4
ベーキングシートの上に直径6cm、厚さ5mmのシャブロンをのせる。3を15gずつスプーンで入れ、パレットナイフですり込む。

5
シャブロンを外し、冷蔵庫で冷まし固めておく。

パートゥ・グラニテを作る。

6
P25「パートゥ・グラニテ」の作り方と同様にする。

7
ショコラ・プラリネと同様に、ベーキングシートの上にシャブロンをのせる。6を10gずつスプーンで入れ、手で軽く押さえる。

🔥 **焼き時間**

電子レンジオーブン　　　180℃　15〜16分
ガス高速オーブン　　　　180℃　15〜16分

◎濃いめの焼き色がつき、完全にカリカリになるまで焼きます。焼き上がったら20℃に冷やします。

仕上げ

8
ショコラ・プラリネの片面にパータ・グラッセ・ブロンドを塗り、パートゥ・グラニテをのせる。

9
さらにショコラ・プラリネのもう片面にもパータ・グラッセ・ブロンドを塗り、パートゥ・グラニテでサンドする。

食べごろ	3日〜1週間くらい。
賞味期限	約10日間。
保存方法	15〜20℃。

チョコレートのテンパリング（温度調節）

1
テンパリングするチョコレートを湯煎で溶かし、45℃に調整しておく。木べらで1分間ほどよく混ぜる。
◎湯煎でチョコレートを溶かす時は、ボウルよりも小さい鍋にお湯を入れ、ボウルの底は決してお湯に直接つかないようにして蒸気の熱でゆっくり溶かします。

2
テンパリング用の温度計をつけた木べらを準備する。
◎木べらの先から温度計の先端を5cmほど上げ、輪ゴムで固定しておきます。
◎木べらと温度計の先端を合わせてしまうと温度計はチョコレートではなくボウルの底の温度を指すため正確にチョコレートの温度が計れません。

3
大きめのボウルの中に18cmのセルクルを入れ、20℃の氷水を入れる。
◎1のボウルをのせてちょうどボウルの中のチョコレート全体が浸かるようにします。

4
1のボウルを3の氷水に浸け、温度計をつけた木べらで10秒間に12回の速さで40秒混ぜて温度を下げる。

5
1のボウルを氷水からあげ、4と同様に10秒混ぜる。

6
4と5を繰り返しながら28℃に近づける。
◎35℃以下になるとチョコレートの粘度が高くなってくるので気泡が入らないように少しゆっくり混ぜながらさらに温度を下げていきます。
◎スイートチョコレートの場合は28℃ですが、ミルクチョコレートは27℃、ホワイトチョコレートは26℃まで温度を下げます。

7
ボウルの底でカリカリとチョコレートが固まってきて、木べらに少しチョコレートの塊がつくようになったらボウルを氷水から出し、セルクルも取り出してその上にボウルをおいて混ぜ続ける。

8
30秒ほど混ぜてカリカリが消えなかったら、カードの先にチョコレートを少しつけ、固まるかどうかのテストをする。
◎3分以内に固まらなければ、さらに氷水に40秒つけて冷やし混ぜ、その後氷水から出して30秒混ぜてから再度テストをします。

9
3分以内に固まったらボウルの底を弱火にあて、混ぜながら温める。30℃くらいになったらさらに1分よく混ぜて結晶を増やし、31℃に上げる。
◎木べらでチョコレートをたらしてみてその跡が周りのチョコレートと変わらないくらい柔らかいのが最もよい状態です。

Palet au praliné amande

ビスキュイ・ア・ラ・キュイエール・ナチュール
Biscuit à la cuillère nature

ビスキュイ・ア・ラ・キュイエール・オ・テ
Biscuit à la cuillère au thé

この二つのビスキュイは、常に背をそむけ合う、交わることのない二人の私なのです。
ナチュール。人との繋がりの中に自分の安息の暖かい居場所を探す、穏やかで何にでも小まめに気を回す、争いごとなどとは無縁の善良。
紅茶。生命の衝動は意識の外へ移り、紅茶の香りは不倫へのかなしき誘い。背徳への身を揺るがす衝動。私の中ではいつもこの二人が意地汚くせめぎ合う。
夜の眠りが温かく深くなるほどに、非日常は私の夢の中に忍び込み、私をじっと見つめる。
眠っていた命は目をこすりながらやおら目覚め、私は落ち着きを失い、不安が身を包み私はこわばり、こわばりは鋭い緊張となり、善良の心に満ち、やがて日常を非日常がくつがえす。かつての度々のように。

ビスキュイ・ア・ラ・キュイエール・ナチュール
Biscuit à la cuillère nature

ビスキュイ・ア・ラ・キュイエールはババロアやムースのパートゥとしてよく使われますが、
クッキーとして食べてもとてもおいしい。
そのおいしさは卵黄の味、香りの生きた暖かい味わいとサックリとした歯切れにあります。
アイスクリームに添えたりもします。ビスキュイ・ア・ラ・キュイエールの先にアイスクリームをのせて一緒に食べると
本当に楽しいおいしさを感じます。

お菓子の作り方のポイント

ビスキュイ・ア・ラ・キュイエールのパートゥは粉が多く入り、最後にはとても硬いパートゥになります。卵黄とグラニュー糖はムラングが弱いとこの硬さでムラングがこすれて泡がつぶれてしまいます。卵白を十分に水様化させてハンドミキサーを頑張って早く回し、強い泡を作ることが大事です。そして粉を混ぜる時はゆっくりとエキュモワールを動かします。

材料
長さ8cm、幅2.4cm　16本分

40g	卵黄
42g	グラニュー糖A
64g	卵白
10g	グラニュー糖B
12g	グラニュー糖C
32g	強力粉
32g	薄力粉
適量	粉糖
適量	グラニュー糖

下準備

(1) ムラング用の卵白はボウルごと冷蔵庫で冷やしておく。グラニュー糖B、Cも同様に冷蔵庫で冷やしておく。

(2) 強力粉と薄力粉は合わせてふるい、冷蔵庫で冷やしておく。

(3) オーブンは予熱しておく。
電子レンジオーブン　170℃　20分
ガス高速オーブン　140℃　10分

作り方

1
ボウルに卵黄を入れ、ハンドミキサー（ビーター1本）の速度2番で5秒間ほど軽くほぐし、すぐにグラニュー糖Aを加え、速度3番で1分15秒泡立てる。

2
卵白にグラニュー糖Bを加え、ハンドミキサー（ビーター2本）の速度2番で1分→速度3番で2分→グラニュー糖Cを加え、さらに30秒泡立てる。
◎しっかりした泡立ちの強いムラングを作ります。

3
1を2の上に一度に加え、【エキュモワール】で10秒間に10回の速さでゆっくり混ぜ合わせる。

4
8割ほど混ざったら、粉を5～6回に分けて加える。粉を全部入れ終わったらボウルの内側をゴムべらで払う。粉がほぼ見えなくなったら、さらに25～30回ほど混ぜる。
◎3～4回目頃になると、粉を混ぜている手に重さが出てきます。混ぜ終わった時までムラングのしっかりした硬さが残っていないと、絞ってからも横に広がり、サックリとした歯触りとポックリとした卵黄の味わいが出てきません。混ぜる時はとにかくゆっくり混ぜてください。

5
天板に合わせて紙を切り、黒いマジックなどで目印となる8cm間隔の線を書き、天板に敷く。さらにその上にベーキングシートを重ね、ガイドの線が透けて見えるようにする。口金をつけていない絞り袋にパートゥを入れ、長さ8cm、幅2.5cmに絞る。

角天板の場合

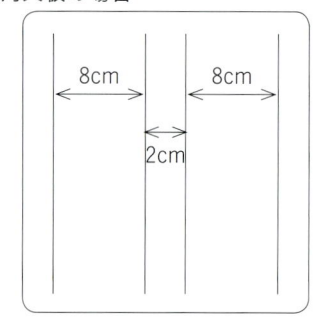

8cm　8cm
2cm

6
絞り終わったら、茶こしで粉糖をたっぷりとふりかける。5分後にグラニュー糖を1本につき、ひとつまみずつふりかけ、さらにもう1度粉糖をふりかけてオーブンに入れる。
◎グラニュー糖は歯触りを与えるためにふります。2回目の粉糖をふりかけたらすぐにオーブンに入れてください。

🔥 **焼き時間**

電子レンジオーブン　150℃　20分

5分	側面に小さな穴があき、膨らみが最高になります。
15分	少し縮みますが焼き色はつきません。
20分	全体にごく薄く焼き色がつきます。乾燥した状態ですが、真ん中はまだ少し柔らかさが残っています。

ガス高速オーブン　130℃　20分

7
天板ごと冷まし、予熱で完全に乾燥させる。さらに一晩おいて自然乾燥させる。
◎完全にサクッとした、水分が十分に抜けた状態までおかずに、密閉した袋や器に入れるとパートゥの表面もしなしなになってしまいます。

食べごろ	翌日から3日ほどが一番おいしい。次第に新鮮な卵の味わいが消えてしまいます。
賞味期限	1週間。
保存方法	常温。

ビスキュイ・ア・ラ・キュイエール・オ・テ
Biscuit à la cuillère au thé

紅茶の味わいが埋れないように、ベルガモットで香りづけしたアールグレイを使います。他のものでは紅茶を感じません。また焼き色はあまり濃くしません。濃すぎると紅茶の味わいが邪魔されます。とてもエキゾチックな味わいです。

材料
長さ8cm、幅2.4cm　16本分

40g	卵黄
42g	グラニュー糖 A
64g	卵白
10g	グラニュー糖 B
12g	グラニュー糖 C
32g	強力粉
32g	薄力粉
13g	紅茶の葉（アールグレイ）
適量	粉糖
適量	グラニュー糖

下準備

(1) ムラングの卵白、グラニュー糖は冷蔵庫で冷やしておく。

(2) 強力粉と薄力粉は合わせてふるっておく。

(3) 紅茶の葉（a）は前もってコーヒーミルなどで粉末状に近くなるまで挽き（b）、ふるった粉と混ぜておく（c）。

(4) オーブンは予熱しておく。
電子レンジオーブン　　170℃　20分
ガス高速オーブン　　　140℃　10分

作り方

P73「ビスキュイ・ア・ラ・キュイエール」と同様にする。
◎作り方4で紅茶入りの粉を加えていきます。

ビスキュイ・ア・ラ・キュイエール（キッチンエイド仕込み）

大量仕込みの作り方のポイント
もちろん水様化した卵白が必要です。ハンドミキサーよりもキッチンエイドやケンミックスなどの卓上ミキサーはかなり力が強く、気泡量も 15 〜 20％多く、より硬く泡立ちます。泡立てた卵黄とムラング、粉を混ぜていく時、ハンドミキサーの時よりも少し早めにエキュモワールを動かさないと、それぞれがよく混ざらずまた、粉も浸透していかず、過度にスダチの粗いザラザラした舌触りに焼き上がります。

材料
60cm×40cm のフランス天板　45 本分

62g	卵黄
66g	グラニュー糖 A
100g	卵白
16g	グラニュー糖 B
19g	グラニュー糖 C
50g	強力粉
50g	薄力粉
適量	粉糖
適量	グラニュー糖

下準備
（1）P73「ビスキュイ・ア・ラ・キュイエール」と同様にする。

作り方

1
ボウルに卵黄、グラニュー糖 A を入れ、軽くホイッパーでほぐす。

2
卵黄が白くふっくらし、ホイッパーの跡が残るくらいまで最高速 10 番〔ケンミックス（以下 KM）は 6 番〕で泡立てる。

3
卵白にグラニュー糖 B を加え、速度 5 番（KM は 3 番）で 3 〜 4 分ほぐす。
◎まず中速で十分に卵白をほぐします。はじめから最高速で泡立てると、初めに泡立ったところにだけ力が加わり、そこだけがさらに伸びて、泡立っていないところは最後までそのままとなり、結果として気泡量の少ないぽろぽろしたつぶれやすい泡になる傾向があります。まずよくほぐすと卵白全体に平均して力が加わり、量の多い混ざりやすい強い泡になります。

4
最高速にしてホイッパーの内側のムラングが周りより高くなるまで泡立てる。
◎初めホイッパーの内側は周りから比べると低い状態です。徐々に泡立ち、量が増えてきます。同時に硬さも増してきて、ホイッパーの内側のムラングは次第に高くなっていきます。やがて周りと同じ高さになり、すぐに周りより高くなります。
◎ビスキュイの場合はここまで硬く少しだけポロッとするほどに泡立てないと卵白に伸びる力が加わり、卵黄を包んでしまいます。

5
すぐにグラニュー糖Cを加えて1分（KMは30秒）泡立てる。
◎グラニュー糖の粘りでもって泡を強くします。すべての砂糖をはじめから加えれば卵白の粘度が高すぎ、ムラングの気泡量は60〜70％に減ってしまいます。

6
2を5に一度に加え【エキュモワール】で10秒間に11〜12回の速さでゆっくり混ぜる。

7
80％ほど混ざったら、粉を少しずつ入れてもらいながら混ぜる。

8
粉を全部入れ終わったらボウルの内側をカードで払い、さらに30〜35回混ぜる。
◎同じ回数でも混ざり具合は混ぜ方によって異なります。手に重さが出てきてからも、しっかりした硬さを保つように混ぜます。

9
天板に目印となる紙を敷く。
◎ここでは8cm幅で3列絞れるようにします。

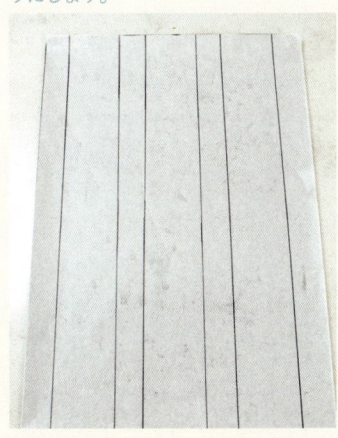

10
P74「ビスキュイ・ア・ラ・キュイエール」作り方5〜7と同様にする。
◎業務用オーブンで焼く場合は天板予熱の必要はありません。

Biscuit à la cuillère

弓田亨コラム 2

神様が力を与えて作らせた
ルゴルさんのオ・ドゥ・ヴィとジョアネさんのリキュール

オ・ドゥ・ヴィ、リキュールを加えることの意味

これまで折に触れて、日本で生産される素材は味わいも薄く、また不自然な味わいのものが少なくないことを述べてきました。

どうしても日本で手に入る素材では、主題となる素材の印象を弱めるように働いてしまいます。例えばフランボワーズのムースを作る場合です。日本の卵は、味わいが希薄であると同時に飼料に加えられている鰯の魚粉の匂いがフランボワーズの味わい、香りを、弱い、濁ったものにしてしまいます。また日本の生クリームには、素材の特性を助けるカラッとした温かい味わいがないので、フランボワーズの果汁と混ぜるとやはりかなり印象が消されてしまいます。

そこで、主にフルーツの味わいそのものが生きているリキュールは、味わいのために、オ・ドゥ・ヴィは香りを印象的にするために加えて、全体のフランボワーズのイメージを高めてやらないと食べる人の心を動かすおいしさは作り出せません。フランスから比べれば、はるかに素材の品質がよくないこの日本では、よいフランボワーズのピューレとともに、秀逸なリキュール、オ・ドゥ・ヴィが必要なのです。

ルゴルさんのオ・ドゥ・ヴィ、ジョアネさんのリキュールは、秀逸の極みであり、私のお菓子作りには、この二つの素材を欠くことは出来ません。

フランス・アルザス地方の
ルゴルさんのオ・ドゥ・ヴィ

オ・ドゥ・ヴィ（フルーツブランデー）は、糖分と旨味を十分に含んだフルーツをアルコール発酵させ、これを蒸留してステンレスのタンクで熟成させたものです。オ・ドゥ・ヴィの命は、その香りの豊かさ、表情、後を引く長い香りがすべてです。私どもでは、製菓用としては最良の、値段も手ごろな3年ものを仕入れています。

アルザス地方はさくらんぼ、ミラベルなどをはじめとして、さまざまの本当においしい、深い味わいのフルーツが生産されています。仕込みはそれぞれのフルーツの収穫時に行われます。もちろん、このオ・ドゥ・ヴィもフルーツの出来具合が味わいの豊かさにかかっています。ルゴルさんのフルーツを選ぶ目は厳しく、けっして少しの妥協も許しません。例えばキルシュの仕込みでは、トラックで運ばれてきた大量のさくらんぼを長さ5m、直径3mほどの発酵槽にポンプで吸い上げます。そこでさくらんぼは砕かれます。あとの発酵は、ルゴルさんの目と鼻、まさに熟練の感覚で管理されていきます。毎日発酵槽の上の50cmほどの穴から長い棒でかき混ぜ、酸素を入れ、自分の目と鼻で最良の状態に発酵を導きます。

その品質は、キルシュ、ミラベルなどを頂点とし、国際品評会で毎年のように金賞、銀賞の高い評価を得ています。

それは人の手だけで作られたとは到底思えない、神の手を借りた恵みの味わいです。

口に含み、軽く口を動かし、喉へゆっくりと送ります。そしてゆっくりと鼻へ息を流します。香りが、艶やかに、きらきらとゆらめきながら、決して途切れることなく頭を突き抜けます。私はいつも思います。

「まさにこれは神様の息吹なのだ」と。

こんな素晴らしすぎる素材で、この日本でお菓子を作ることの、自分の人生の運の良さを感じてしまいます。凄すぎるオ・ドゥ・ヴィ、これ以外に言葉はありません。皆様もよく知っておられるルレ・デセールの会員の多くも、ルゴルさんのオ・ドゥ・ヴィを使っています。

ほとんどの日本のパティスィエがこのルゴルさんのリズム感のある繊細でありながら力強い香りの広がりを過度にアグレッシブなものとしか感じられないのは悲しいことです。私は誰よりも旨いお菓子を作れる自信があります。でもこれらのオ・ドゥ・ヴィやリキュールがなければ私の菓子作りはより難しく、技術は複雑になってしまいます。

ブルゴーニュ地方コートゥ・ドール（黄金の地帯）の
私のリキュールへのイメージをまったく変えた
ジョアネさんのリキュール

リキュールはぶどう酒を蒸留して得た、96度のアルコールにフルーツを2～3ヶ月漬け込んでから軽く皮やオリなどをこして砂糖を加え、瓶に詰めたものです。これは、そのままあるいはその産地の発泡酒であるクレマンや白ワインで割って食前酒として飲まれます。リキュールの良し悪しは、まさに果物次第なのです。フランス、ブルゴーニュ地方のジョアネさんの畑には、今でも大小の化石が簡単に見つかります。たまに降る雨がこの化石を微量ずつ溶かし、畑の土に豊かなミネラルを補給し続け、信じられぬほどの深い力に満ちた味わいのカシスやフランボワーズが収穫されるのです。そして、このカシスとフランボワーズの香りには、この化石がもつ共通の懐かしさに満ちた蒼くさい匂いがあります。

そして、少量を正に手作りで作っています。多くのフランス人でさえ、この秀逸なリキュールの存在を知りません。まさにブルゴーニュ地方でも知る人ぞ知る、筆舌に尽くしがたい味わいをもったリキュールなのです。

一口、口にふくめば、豊穣の極み、コートゥ・ドールの地にふっと降り立ったような、静かな新鮮な覚醒、蒼い想いにふとふるえるのです。何故か、私の命の源に辿りついたような懐かしく優しいおいしさなのです。

日本に輸入されている大量生産の、混ぜ物の多い他のリキュールとは一緒にしないでください。比べてみれば、誰もが分かる歴然とした味わいの差があります。こんなに素晴らしいカシスやフランボワーズ、そしてそれらから作られるリキュールは、決して人の手だけで出来たものではありません。ルゴルさんのオ・ドゥ・ヴィ同様、神様の力を借りなければ出来ないと私に思わせてしまいます。

ブルゴーニュの農民は純朴です。昔ながらの作り方で、今も寸分の違いもなく作り続けられています。ジョアネさんのリキュールは、そのまま飲んでもとにかく旨すぎる。私にとってはまさに夢見心地です。これらのリキュールを使えば、お菓子は艶やかな、深いおいしさを作りだしてくれます。

食前酒として、よく冷まして少量をそのまま飲んでもとにかくおいしい。軽めのブルゴーニュワインや発泡酒で割って飲めばもう食事の初めから夢見心地に包まれます。一杯のリキュールがこんなにも楽しいディナーを作りだしてくれる。信じられません。一杯の食前酒、心は軽く舞い上がります。

とても育ちの良い、心根のカラッとした私なんです。
でも竹を割ったというほどに芯があるというのでもなく、
心の中のとびきりの青い晴天に、軽やかに空に向かってすっと飛んでいく、
カラッとした朗らかさ。私はいつもいつも憧れていた。
でも自分の歩みにはずっと無力な私でした。
私が生きることの功徳から放たれ、こんな自分に変わり、
朗らかな生きる幸せを感じ得るのは、
自分の命を閉じる前のほんの一瞬でしかあり得ない。
それはもう分かるのです。

天才の味わい
チーズとアーモンドの塩味のクッキー
Sablé salé aux amandes et au fromage

チーズとアーモンドのカレー味のクッキー
Sablé salé aux amandes et au curry

私は会津生まれです。私の中には勿論会津の人間としての自分もいます。
かつての会津の人は本当にお人よしです。
私の母の教えは「武士はくわねど高楊枝」「他の人のことを一番に考える」
自分だけがいい思いをするのはどうも苦手なのです。
そして名誉に対しても武家社会の規範に対してもとても臆病でした。
臆病だからこそ会津の武士は義をもってわが身を滅したのです。それは私も同じ。
私には争い事は怖さ以外のものではありませんでした。
このカレー味のクッキーは、ただあるがままに育ってきた18歳で会津を出る前の、
私が大した悩みもなく笑っています。心和む私がいます。初春の珍しい、風のない陽だまりの嬉しさ。
私が意識の鎧の糸をつむぎ、金具を打ち始めたのは間違いなく会津を出てから10余年後のことでした。
初めてのフランスでの生活、想像だにしなかった異なる価値観は、会津の人間としての、
日本人としての私を、跡を留めぬまでに壊しつくしたのでした。

チーズとアーモンドの塩味のクッキー
Sablé salé aux amandes et au fromage

ゲランドの塩とエダムチーズ。
豊穣の極みのスペイン産アーモンドや松の実を使った楽しくリズミカルな歯ごたえが五感に届く、塩味のクッキーです。
お酒のお供に、パーティー料理の一皿にも是非どうぞ。1枚食べるとなかなか手は止められません。
パーティーを楽しくしてくれる、とてもしゃれたおいしさです。

お菓子の作り方のポイント

塩味のクッキーは、アーモンド、松の実、塩、チーズなどの素材の選択が60％、あとは少しの技術です。素材が本当に心と身体が待っている豊かな幅の広い栄養素が詰まったものでなければこのおいしさは成り立ちません。あとはバターを手ですりこんでいく時の、全てのものの温度管理。バターを溶かさないように仕込んでいき、カラッとした歯触りを作りだします。

材料
18cm角、高さ4cmのキャドル　1台分（120枚分）

200g	バター
200g	強力粉
200g	薄力粉
A 160g	アーモンドパウダー　*1
200g	アーモンドホウル（皮むき）*1
100g	松の実
160g	エダムチーズのすりおろし
40g	グラニュー糖
6.4g	塩（ゲランド）
4g	黒こしょう（粗挽き）
1.2g	ナツメグ
153g	水
4g	ブイヨン
適量	焼き塩（ゲランド）

*1　アーモンドはスペイン・カタルーニャ地方レリダのマルコナ種を使っています。同じスペイン産でも産地によって味わいが異なり、特に雨量の少ないレリダのものは栄養素豊かで味わいがしっかりしています。

下準備

（1）強力粉と薄力粉は合わせてふるい、冷凍庫で1時間ほど冷やしておく。

（2）バターは厚さ3mmにスライスし、冷蔵庫で冷やしておく。

（3）Aの材料も冷蔵庫で冷やしておく。

（4）ブイヨンは細かく砕き、水と合わせてブイヨン液を作り、冷蔵庫で冷やしておく。

（5）アーモンドはホウルのままだとパートゥを切る時にとても切りにくいので、半割りまたは大まかに1/3程度に刻んでおく。

（6）21cmボウルを冷蔵庫で冷やしておく。

（7）塩をフライパンでサラサラになるまで弱火でじっくり炒め、焼き塩を作っておく。

作り方

1 Le premier jour

1
フードプロセッサーにバターの3/4量と粉を入れ、粒がごく細かくなるまで回す。
◎焼く際にバターが、パートゥからもれにくくするために深くよく混ぜ込みます。

2
残りのバターを加え、粒が1mmくらいの大きさになるまで回す。
◎バターのリッチな味わいを残すために浅く混ぜます。

3
冷やしておいたボウルに2を移し、Aを加え、手でよくすり込みながら混ぜる。

4
冷やしておいたブイヨン液を3に6回に分けて加える。
◎刷毛で表面全体に散らします。

5
1回加えるごとに両手でボウルの底から粉をすくい上げ、指の間からパラパラと粉を落としていくように軽く混ぜ合わせる。
◎これはできるだけ水分を粉全体に散らすためです。

6
2回目以降も同様に混ぜ合わせる。5回目くらいから、少し大きな塊が出来てくるが、そのままゆっくりとほぐし続ける。

7
ブイヨン液を全て加えたら、パートゥを強く握り、4〜5個の塊にする。
◎すりつぶすようにまとめると、歯触りが唐突に固くなり、口溶けが悪くなります。

8
塊にしたパートゥをキャドルの端からギュウギュウと隙間のないように詰める。

9
一番上までパートゥを詰めたら、まとまりにくい縁をカードでしっかり押す。
◎ただしあまり一生懸命にパートゥを押さえつけるととても硬い、カチッとした焼き上がりになることがあります。

冷蔵庫で一晩休ませる

2 Le deuxième jour

10
オーブンは予熱しておく。
電子レンジオーブン　220℃　20分
ガス高速オーブン　　220℃　10分

11
一晩休ませたパートゥをキャドルの周りにプティクトーを入れて一周させ、型から外す。

12
幅4.5cmの棒状に切り分け、冷凍庫で15分ほどしっかり生地を固める。

Sablé salé aux amandes et au fromage

チーズとアーモンドのカレー味のクッキー
Sablé salé aux amandes et au curry

チーズとアーモンドの塩味のクッキーの印象的なところを残しながら
カレー味にしたものです。
ふわっと感覚をかすめるカレーの香りが
何か非日常の新鮮な思いを運んでくれるような、軽やかな味わいです。

13
さらに厚さ6mm程度にカットする。

14
天板に並べ、表面にごく少し焼き塩をふり（3〜4枚につき軽く1つまみ程度が目安。35枚で塩1.3〜1.6g程度）、オーブンに入れる。

🔥 **焼き時間**
電子レンジオーブン　200℃　16〜17分
ガス高速オーブン　190℃　18〜20分

15
裏に濃いめの焼き色が、表面に明るめのキツネ色がついて、中心を指で押してみてしっかりした硬さが出るまで焼く。
◎焼き色をあまり強くすると、アーモンドや松の実などの味わいが隠れてしまい、あたたかみのない味わいになってしまいます。

食べごろ	焼いてから1週間がおいしいです。
賞味期限	10日間。
保存方法	常温。※湿気を防いで保存します。

材料
18cm角、高さ4cmのキャドル　1台分（約90枚分）

	181g	バター
	151g	強力粉
	151g	薄力粉
A	121g	アーモンドパウダー
	75g	アーモンドダイス
	151g	ココナッツファイン
	121g	エダムチーズのすりおろし
	45g	ココナッツミルクパウダー
	30g	グラニュー糖
	4.8g	塩（ゲランド）
	2g	黒こしょう
	0.9g	ナツメグ
	2g	ターメリック
	1.8g	カレー粉（インデラ・カレー）*1
	30g	水
	136g	ココナッツミルク
	75g	松の実
	75g	くるみ
	適量	焼き塩（ゲランド）

*1　ナイル商会のインデラ・カレー

下準備

(1) 強力粉と薄力粉は合わせてふるい、冷凍庫で1時間ほど冷やしておく。

(2) バターは厚さ3mmにスライスし、冷蔵庫で冷やしておく。

(3) **A**の材料も冷蔵庫で1時間ほど冷やしておく。

(4) 水とココナッツミルクを合わせて、冷蔵庫で冷やしておく。

(5) 21cmボウルを冷蔵庫で冷やしておく。

(6) 塩をフライパンでサラサラになるまで弱火でじっくり炒め、焼き塩を作っておく。

作り方

1 Le premier jour

1
P80「チーズとアーモンドの塩味のクッキー」作り方 **1〜3** と同様にする。

2
冷やしておいた水とココナッツミルクを1に6回に分けて刷毛で全面に散らして加える。

3
「チーズとアーモンドの塩味のクッキー」作り方 **5〜7** と同様にする。

4
塊にしたパートゥをキャドルの端からギュウギュウと隙間のないように詰める。まず、パートゥの1/3を詰めて平らにならし、松の実とくるみの半量を全体に散らす。

5
さらにパートゥの1/3を詰め、同様に残りの松の実とくるみを全体に散らし、さらに残りのパートゥを詰め、強く押す。

🍊 冷蔵庫で一晩休ませる

2 Le deuxième jour

6
オーブンは予熱しておく。
電子レンジオーブン　220℃　20分
ガス高速オーブン　　190℃　10分

7
「チーズとアーモンドの塩味のクッキー」作り方 **11〜15** と同様にする。
◎ここでは厚さ8mm程度にカットします。

🔥 **焼き時間**

電子レンジオーブン
　　　　　200℃　20〜25分
ガス高速オーブン
　　　　　180℃　20〜25分

Sablé salé aux amandes et au curry | 83

ギャレットゥ・ノワ
Galette aux noix

私が在り始めたずっと前から在り続けてきた、揺るぎなきものへの、私の男としての憧れ。朴訥。
容易く心動かされぬ男くささへの憧れ。

あくの強いチョコレートと塩味のクッキー
Sablé salé au chocolat

少しのけれんみもなく、私の心はさえぎるものもなく、あの空の果てまで朗らかに飛んでいく。
私はずっとこんな自分を夢見ていたのでした。

でも多感な頃、私はいつも終わりのない漆黒の淵を彷徨い歩いた。
何でもいい、何かが手に触れることを求めながら。暗闇の中の私の視線は心なえ、寒々と弱弱しくも私の存在を探し続けた。
でももう私は帰れない。時は私を連れ去った。ああ、命震える力なき涙がまつ毛を走る。

ギャレットゥ・ノワ
Galette aux noix

くるみと黒砂糖のクッキーです。くるみをこれほど絶妙に、朴訥に、懐かしく作り上げる人はもちろん私の他にはいません。んー、本当に心にしみ込むホッとする旨さです。

お菓子の作り方のポイント

私が世界で一番おいしいと確信するスペイン、カタルーニャ地方のアリクサ社のアーモンドパウダーでないと、この軽い歯触りと味わいは生まれません。またくるみも国産のものでは重いイメージになってしまいます。アメリカ産では味わいに豊かさは生まれません。フランス、ペリグール地方の自然で豊かな味わいのくるみを使います。

材料
直径 4.5cm、厚さ 8mm　約 50 枚分

180 g	バター
100 g	黒砂糖（粉末）
42 g	卵黄
3 滴	バニラエッセンス
70 g	くるみ A
50 g	アーモンドパウダー
240 g	薄力粉
0.4 g	シナモンパウダー
150 g	くるみ B
53 g	黒砂糖（丸粒）
適量	塗り卵（→ P24）

下準備

（1）薄力粉とシナモンパウダーは合わせてふるい、冷蔵庫で 1 時間以上冷やしておく。

（2）バターを厚さ 1cm ほどに切って 18cm ボウルに広げて入れ、室温に 30 分～ 1 時間おき、少し硬めのポマード状（→ P180）にする。

（3）24cm ボウルを冷蔵庫で冷やしておく。

（4）のし台やめん棒は冷凍庫で冷やしておく。また保冷のためにのし台の下に敷くタオルも水で濡らして絞り、冷凍庫で板状に凍らせておく。

（5）くるみ A は油が出る寸前までフードプロセッサーで挽いておく。

作り方

1 Le premier jour

1
バターを木べらで練り、黒砂糖（粉末）を5回に分けて加え、10秒間で15回の速さで100回ずつ手早く混ぜる。【平行だ円】

2
卵黄を3回に分けて混ぜ、80回ずつ同様に混ぜる。バニラエッセンスも加え混ぜる。

3
くるみのペースト、アーモンドパウダーの順に加え、軽く混ぜる。ここで24cmボウルに移し替える。

4
粉を2回に分けて加える。木べらで切るように5回混ぜては底から1回返す。2回目の粉が混ざりきらないうちに、くるみBと黒砂糖（丸粒）を2回に分けて加え、軽く混ぜる。

5
ほぼ混ざったらすりつぶすように混ぜ、粉が混ざってからさらに20回混ぜる。

6
木べらをカードに持ち替え、ボウルの底のパートゥをこすり取り、パートゥの表面に15回ほど折り込むように混ぜる。長方形に整えてバットにのせ、ビニール袋に入れる。

🧊 冷蔵庫で一晩休ませる

2 Le deuxième jour

7
オーブンは予熱しておく。
電子レンジオーブン　230℃　20分
ガス高速オーブン　　230℃　10分

8
一晩休ませたパートゥを、必要量とる。めん棒で叩いてある程度パートゥにのびる力が出てきたら、厚さ8mmにのす。直径4.5cmの丸抜き型で抜く。

9
塗り卵を薄く2回塗り、オーブンに入れる。

🔥 焼き時間
電子レンジオーブン
　　　　　　　　210℃　13～14分
ガス高速オーブン
　　　　　　　　210℃　13～14分
◎上火は強火にして黒めの焼き色、底は少し濃いめのキツネ色をつけます。
◎裏側の黒砂糖が一度溶けて固まってカリカリした方が歯触りは楽しいです。黒く焦げては心が飛んでいく軽く朗らかな歯触りが出ません。

食べごろ	焼いてから5日間。
賞味期限	約10日間。
保存方法	常温。※湿気を防いで保存します。

あくの強いチョコレートと塩味のクッキー
Sablé salé au chocolat

深くくぐもったイメージの味わいは、他のメーカーのチョコレートでは決して生まれません。
ペック社の五感に深くしみこむおいしさのチョコレートのみで可能です。
またそんなことをと思われる方は是非作り比べてみてください。
もちろんアーモンドパウダーもスペイン・カタルーニャ地方のものを使います。

お菓子の作り方のポイント

パートゥ・サブレ全体に共通するポイント（→P51）と同様に、一度も柔らかくなっていない、よく冷えたところで保存されたバターを使い、あまり空気を入れないように、目に見えないところでとにかくよく混ぜることが大切です。

材料
長さ30cmの棒状　2本分（60枚分）

193g	バター
32g	グラニュー糖
32g	キャソナッドゥ
45g	卵黄
39g	卵白（新鮮・水様化どちらでも可）
39g	パートゥ・ドゥ・カカオ（カカオマス100%）
11滴	バニラエッセンス
257g	強力粉
58g	ココア
1.8g	ナツメグ
3g	シナモンパウダー
8.5g	塩（ゲランド）
39g	アーモンドパウダー
適量	焼き塩（15枚につき0.2g）

下準備

(1) 強力粉、ココア、ナツメグ、シナモンパウダーは合わせてふるい、冷蔵庫で冷やしておく。

(2) パートゥ・ドゥ・カカオは45〜50℃の湯煎にかけて溶かし、30℃以下に調節しておく。

(3) バターを厚さ5mmほどに切って18cmボウルに広げて入れ、室温に30分〜1時間おき、少し硬めのポマード状（→P180）にする。
◎バターを薄く切って、混ざりやすい柔らかさにするときに、決して柔らかくしすぎてはいけません。混ぜていて手に重さを感じる、硬めのポマード状にします。

(4) 塩をフライパンでサラサラになるまで弱火でじっくり炒め、焼き塩を作っておく。

作り方

1 Le premier jour

1
バターにグラニュー糖、キャソナッドゥを5回に分けて加え、木べらで混ぜる。【平行だ円】
あまり早すぎないように、80回ごと十分に混ぜ、その都度ボウルの内側をゴムべらで払う。

2
前もってホイッパーでよくほぐしておいた卵黄と卵白を5回に分けて加え、同様に混ぜる。木べらに徐々に重さが感じられてきたら、さらに50回ほど混ぜる。
◎ボウルは必ず何回かまめに払います。その方が混ざりがよくなります。特に4、5回目に卵液を加える時は、卵液がかなりバターの表面に出てきて段々と混ざりにくくなりますので、とにかくよく混ぜてください。

3
パートゥ・ドゥ・カカオ、バニラエッセンスを加え混ぜる。ここで24cmボウルに移し替える。
◎バターに砂糖や卵液を加えていく時は、小さめのボウルの方が、それぞれの材料が木べらから逃げずによく混ぜることが出来ますが、アーモンドパウダーと粉類を加える時は、量が多くなるため、大きいボウルに移し替えた方が混ぜやすくなります。

4
冷やしておいたアーモンドパウダーと塩を一度に加え、よく混ぜる。【平行だ円】

5
粉類の半量を一度に加える。粉がボウルからこぼれないように、最初は切るように、ゆっくりと混ぜる。粉が少し残っている段階で、今度は木べらを進行方向に対して直角に持ち、強くパートゥをすりつぶすようにして混ぜる。粉が見えなくなってから、さらに15回ほど混ぜる。

6
残りの粉も同様に混ぜ、パートゥが一つにまとまり、粉が見えなくなってから、粉が完全に混ざるまで30回ほど混ぜる。

7
木べらをカードに持ち替え、ボウルの底のパートゥをこすり取り、パートゥの表面に15回ほど折り込むように混ぜる。
◎木べらでは全体的には混ざりますが、木べらにこすられるのをまぬがれたボウルについた細かいパートゥはよく混ざらず、翌日パートゥをのばすときにベタベタとのし台につきやすくなるため、ここで細かい部分もよく混ぜ込みます。

8
出来上がったパートゥは等分にし、長さ30cmの棒状にする（1本約370g）。紙を敷いたバットにのせ、ビニール袋に入れる。

🕒 **冷蔵庫で一晩休ませる**
◎冷凍保存する際も、このタイミングで。15日ほど保存可能。

食べごろ	焼いてから5日間。
賞味期限	約10日間。
保存方法	常温。※湿気を防いで保存します。

88 | Sablé salé au chocolat

2 Le deuxième jour

9
オーブンは予熱しておく。
電子レンジオーブン　220℃　20分
ガス高速オーブン　　190℃　10分

10
一晩休ませたパートゥを厚さ1cmに切り、天板に並べる。

11
上から焼き塩をほんの少しふりかけ、オーブンに入れる。

🔥 **焼き時間**

電子レンジオーブン　200℃　18分
ガス高速オーブン　　180℃　18分

◎パートゥの中央にしっかりした硬さが出るまで焼きます。

Sablé salé au chocolat | 89

クレオル
Créole

抗し難い時の流れは私を踏みにじり、私の心臓をあざけるようにこすり続け、
私から美しきものを歌う言葉を奪い、人が作り出す情念の時の流れに流され始める前、
私にはとても素直な思いが満ち溢れていたのです。
母の胸の中、未だ不安な心の動きを知ることなく、母と私は一つの命に繋がれ、
全てが柔らかく安堵に包まれていた頃、
私は自分の生に何を刻んできたのだろう。何一つとして生の証を見つけることも出来ず、
心は在ることの理由を失い、私が帰る土も見当たらず。
私の目は、心がかじかむことなど少しもなかったあのころを力なくまさぐり求め、クレオルを噛むのです。

クレオル
Créole

クレオルが大好きというお客様はたくさんおられます。
でもとても手間がかかるので、秋になると店頭に並びます。
何とも言えない極め付きの食べる人をこの上なく幸せにする、暖かい安堵感に満ちた味わいです。

お菓子の作り方のポイント

やはりポックリした甘い味わいの豊かなさつまいもを使うことが大事です。さつまいものクレーム・ダマンドゥは焼き過ぎないように後で十分にしとりが戻るように、ドロッとした状態からやっと固まったくらいの浅い焼き具合でオーブンから出します。

材料
9個分

パートゥ・シュクレ （出来上がりから190g使用）

135g	バター
60g	粉糖
38g	卵黄
45g	サツマイモの裏ごし（ベニアズマ）
6滴	バニラエッセンス
180g	薄力粉
適量	シュークル・クリスタル
適量	塗り卵（→ P24）

クレーム・ダマンドゥ （290g使用）

66g	バター
53g	粉糖
36g	全卵
7g	卵黄
2.6g	ミルクパウダー（乳脂肪分26％）
7g	サワークリーム
10滴	バニラエッセンス
55g	サツマイモの裏ごし（ベニアズマ）
28g	栗の甘露煮の裏ごし
88g	アーモンドパウダー
適量	ホワイトキュラソー（オランジュ60°）（1個につき1g）
適量	上がけ用ホワイトチョコレート[*1]（パータ・グラッセ・イボワール）

*1 ベック社の上がけ用チョコレートを使います。

下準備

(1) サツマイモは縦半分（大きいものなら4つ割り）に切り、切り口に半分に裂いたバニラ棒の種をなすりつけ、サヤごと挟み込んでアルミホイルに包む。200℃のオーブンで竹串がすっと刺さるまで50分～1時間焼く。

(2) (1)が焼けたら裏ごしして20℃に冷ましておく。栗の甘露煮も裏漉ししておく。

(3) その他下準備は、パートゥ・シュクレ（→P180）と同様。

作り方

パートゥ・シュクレを作る

1 Le premier jour

1
P180「パートゥ・シュクレ」と同様にする。
◎バターに粉糖を5回、卵黄を2回に分けて加え、バニラエッセンスを加えた後、サツマイモに少しずつバターのアパレイユを加え、木べらですりつぶすように伸ばします。

2
出来上がったパートゥは長方形に整え、ビニール袋に入れる。

🧊 冷蔵庫で一晩休ませる

クレーム・ダマンドゥを作る

3
P200「クレーム・ダマンドゥ」と同様にする。
◎サツマイモと栗の甘露煮の裏ごしは、アーモンドパウダーの前に加えます。2つを木べらで十分にすりつぶして均一にまとめます。これにほんの少しのバターのアパレイユを加えて均一になるまで十分に混ぜます。これを3〜4回繰り返し、混ざりやすい柔らかさになってからバターのアパレイユに戻します。
◎ここで均一に十分に混ぜないと、焼く時にかなり広がることがあります。

◎アーモンドパウダーを加える時に、18cmボウルに移し替えます。
◎のばしにくいくらいの硬さにします。あまり柔らかくしません。

🧊 冷蔵庫で一晩休ませる

2 Le deuxième jour

パートゥ・シュクレを焼く

4
オーブンは**予熱しておく**。
（天板予熱あり）
電子レンジオーブン　210℃　20分
ガス高速オーブン　　190℃　10分

5
一晩休ませたパートゥをのし台の上におく。めん棒で叩いてある程度パートゥにのびる力が出てきたら、厚さ2mmにのす。シュークル・クリスタルを少しふりかけ、軽くめん棒で押さえつける。

6
ピケし、直径6.5cmの丸抜き型で18個抜く。冷蔵庫で1時間休ませる。

7
パートゥはシュークル・クリスタルのついた面を下にしてベーキングシートの上に9枚ずつ並べ、塗り卵を2回塗る。

8
予熱した天板に移し、オーブンに入れる。
◎二人でベーキングシートの両端を持って、天板に移します）。

食べごろ	2日目〜1週間目くらい。
賞味期限	約1週間。
保存方法	常温

🔥 焼き時間

電子レンジオーブン　190℃　10分
ガス高速オーブン　　180℃　10分
◎シュークル・クリスタルが溶けてしまうので、霧吹きはしません。
◎明るいキツネ色に焼き上げます。

9
焼き上がったら網にのせて冷ます。

クレーム・ダマンドゥを焼く

10
オーブンは予熱しておく。
（天板予熱あり）
電子レンジオーブン　270℃　20分
ガス高速オーブン　　260℃　10分

11
直径5.5cm、厚さ1cmの丸のシャブロンをベーキングシートにのせ、一晩休ませたクレーム・ダマンドゥを入れ、パレットナイフで平らにならす。

12
クリップまたは竹串をまわしてシャブロンから抜き、ベーキングシートごと予熱した天板に移し、オーブンに入れる。

🔥 焼き時間

電子レンジオーブン
　　　　　　　　　250℃　5〜8分
ガス高速オーブン
　　　　　　　　　250℃　5〜6分
◎淡いほっくりした味わいを得るために、高温で短時間で焼き上げます。クレーム・ダマンドゥがやっと固まったと思うくらいで早めに出します。

13
焼き上がったらベーキングシートごとバットに移し、ホワイトキュラソーを上面だけに塗る。粗熱をとる。

14
縁の焦げたところは、作り方15の仕上げでチョコレートが塗りやすいようにハサミで切る。3個ずつ重ねておく。

15
クレーム・ダマンドゥの側面、両面に、湯煎で溶かした上がけ用チョコレートを刷毛で塗る。

16
パートゥ・シュクレ2枚で挟む。

天才の味わい
リーフパイ
Langue de bœuf

このパイを一噛みすれば、
身震いするような香ばしさと天にも抜けるような歯触りの陰から心晴れやかな頼もしい私がわっと現れるんです。
今を生きることが楽しくてしょうがない。どんな辛さも悲しさも、心の片隅に押しやってしまう。
この頃は本当にたまにしか顔を見せなくなってしまった私なのですが、確かにいたのです。
時の流れの中の絶え間ない葛藤の中で少しずつ居場所を失い、心の奥深く沈みいったのです。
もうこんな明快な喜びを表す自分には日常の姿で会えることはありません。
でもこのパイの一噛みはあの頃の私を目の前に、悠然と立たせてくれるのです。
例えそれが、本当の私でなく、悲しき記憶のかげろうであっても、
とんでもなく大したお菓子なのです。

ラング・ドゥ・ブッフ・ア・ラ・キャネル
Langue de bœuf à la cannelle

私の中には全てを無機質に、無造作に束ねてしまうという私もいるのです。
どんなに心弾む生命が鮮やかに揺れる思いも、一人の女の情にもままならずいらだつ憐れさも、
己の存在の全てをひきちぎっても表しつくせぬ、自分を男とはいえぬ絶望も、絵の中に塗り込めようとする私がいるのです。
生きることの全ては、その時々の物言わぬ心動かぬ絵の重なりにすぎないのだ。
お前は何故そんなことに身を投げ出して悶え泣くのか。ほれ、心を消して一枚一枚の絵を見るがいい。
お前が描かれている一枚の絵さえもお前ではない。ただの記号なのだ。
人生は所詮感情の流れなどありはしない単純な記号の寄せ集めなのだ。
そうすればほれ、お前の生きる苦しみなんて、あっという間に消えてしまう。人生はそれで十分なのだと。

リーフパイ
Langue de bœuf

これは特に人気の焼き菓子です。初めて食べると誰もがその五感を圧倒的な力を持って包み込むおいしさに驚きます。子どもにも大人にも嬉しすぎる味わいです。このリーフパイの味わいを知らないのは不幸です。

お菓子の作り方のポイント

ほとんどのパティスリーではパートゥ・フイユテの立ち落とし、二番生地で作りますが、二番生地は浮きも悪く歯ざわりも唐突に硬く、おいしくありません。私共では切れ端は次のパートゥに挟み込みます。常に新しいパートゥ、一番生地を使います。

また食べる人を感動させるおいしさは大胆な焼き方によって生まれます。しっかり予熱をして十分に温まった高温のオーブンでパートゥの中までしっかりと焼き色をつけます。高温で焼けば表面の焼き色は赤みがかってこの上なく香ばしく焼き上がります。また恐る恐る低温で焼くと、焼き色はくすみ、明るい香ばしさが生まれません。

材料
30〜33枚

| 1 パトン | パートゥ・フィユテ（→ P190） |

| A | 200 g | グラニュー糖 |
| | 200 g | キャソナッドゥ*1 |

*1 キャソナッドゥは、フランス産を使います。このリーフパイは、パートゥ・フイユテそのもののおいしさが重要なのはもちろんですが、その他に砂糖にも大切なポイントがあります。グラニュー糖だけではどうしても味や香りに豊かさ、温かさが出ません。そこでフランス産のキャソナッドゥを使います。

下準備

(1) **A** のグラニュー糖とキャソナッドゥを合わせておく。

(2) オーブンは予熱しておく。
（天板予熱あり）
電子レンジオーブン　240℃　20分
ガス高速オーブン　　210℃　10分

作り方

1
のし台の上で、折り上がったパートゥを25cm×38cmにのす。

2
直径6cmの丸抜き型で抜く。

3
切れ端は押して軽くまとめて重ね、めん棒で叩いてまとめる。ある程度まとまったら両側に厚さ4mmの板をおいてのす。

4
2と同様に型で抜く。
◎ここから5〜6枚抜けます。さらに残りをのして2〜3枚抜きます。
◎3回目くらいに抜いた生地は、浮きが悪くなり、食感がガチっとした堅いだけの単純なものになってしまいます。また浮かずに薄い部分は焦げやすくなります。パートゥ・フィユテを頻繁に作るのなら、パートゥを抜くのは新しいものだけにし、新しいパートゥ・フィユテに折り込んだ方が、全体が均一に、良い状態で焼き上がります。それほど作らない場合は4回まで抜き、パートゥが残らないようにします。

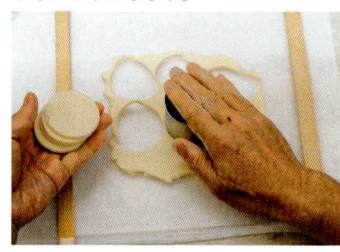

5
全て抜き終わったらバットの上に紙を敷き、抜いたパートゥをいっぱいに並べる。一面並べたら、また紙を敷き、その上に重ねていく。1時間以上冷蔵庫で休ませる。
◎こうすることで、パートゥを何重にも重ねることが出来ます。
◎冷凍保存する場合は、ここで冷凍庫に入れます。使う場合は冷蔵庫で解凍してから使います

6
のし台の上に紙かバットを敷き、**A**をひとつまみ台の上に置く。

7
この上に丸い生地をおき、さらにその上に生地が隠れるくらい**A**をたっぷりとのせる。

8
めん棒を強めの力でよく転がし、パートゥを長さ16cm強のだ円形にのす。

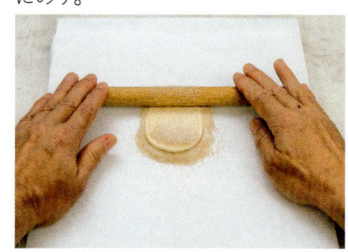

◎中心から向こう側半分は前方に、残り半分は、手前にめん棒を動かすと、きれいなだ円形になります。

9
焼き縮みが少なくて済むように、必ず冷蔵庫で1時間休ませる。
◎冷凍したパートゥを解凍する場合は、解けたらすぐに伸ばしてもかまいません。
◎砂糖をつけて最後までのしたパートゥを冷蔵庫に1時間以上放置しておくと砂糖が溶けてきますので、必ず時間を守ってください。

10
ベーキングシートを敷いた天板に4枚のせて、オーブンに入れる。

🔥 焼き時間

電子レンジオーブン
220℃　15分

2分	上下段ともパートゥが浮きます。
5～9分	5分ほどで1/4ほど焼き色がつきます。オーブンから出して浮いたパートゥをおこし金でつぶします。
9分	部分的に砂糖が溶けます。
13分	全体に十分濃いめの焼き色がつきます。表面の砂糖が2/3～1/2溶けたものから順に出していきます。この状態では底はすべて溶けています。
15分	残りも全てが表面から砂糖が溶けています。オーブンから出して網の上にのせて冷やします。

ガス高速オーブン
200℃　10～11分

2分30秒	オーブンから一度出して、浮いたパートゥをおこし金でつぶします。
5分	上下、奥手前を入れ替えます。
9分	部分的に砂糖が溶けます。
10～11分	すべて表面の砂糖が2/3～1/2溶けます。割ってみて断面も表面も均一の深い焼き色がついていたら出します。

食べごろ	2日目～1週間目くらい。
賞味期限	約1週間。
保存方法	常温。

Langue de bœuf | 97

ラング・ドゥ・ブッフ・ア・ラ・キャネル
Langue de bœuf à la cannelle

パートゥ・フイユテの力のある歯触りと味わいが、
焦げたシナモンのくぐもった、深いイメージに満ちた味わいに重なります。
でも何故か心がやすまる懐かしい味わいなのです。

お菓子の作り方のポイント

成形に気を付けてください。作り方11でパートゥの両側をあまり薄くしてしまうと、きれいな木の葉の形に焼き上がりません。また焼き色も十分に濃くつけることによって力のあるおいしさが生まれます。

材料
約25枚分

1パトン	パートゥ・フィユテ（→P190）	
86g	グラニュー糖	
12g	シナモンパウダー	
4g	シュークル・ヴァニエ	
適量	シュークル・クリスタル	
適量	塗り卵（→P24）	

下準備

（1）オーブンは予熱しておく。
（天板予熱あり）
電子レンジオーブン　270℃　20分
ガス高速オーブン　　230℃　10分

（2）グラニュー糖とシナモンパウダーは混ぜ合わせておく。

（3）のし台やめん棒は冷凍庫で冷やしておく。また保冷のためにのし台の下に敷くタオルも水で濡らして絞り、冷凍庫で板状に凍らせておく。

作り方

1
のし台の上で、折り上がったパートゥの半量を30cm×30cmにのす。

2
パートゥの端2cmほどのところを3本の指で外側へ薄くすりつぶす。

3
すりつぶしたところを含めて、幅3cmほどに塗り卵を塗る。

4
塗り卵を塗った部分以外に、グラニュー糖とシナモンパウダーを混ぜたものをほぼ均一に手で散らし、シュークル・ヴァニエも散らす。

5
パートゥの向こう側を少しつまみ、巻き始めになる芯の部分を作る。あまり締めないように注意して、軽く巻く。
◎あまり強く締めて巻くと、焼成中に生地の中央が過度に盛り上がり、焼き上がりが反って見栄えが悪くなることがあります。

6
巻き終わったら、パートゥの合わせ目が真下にくるようにして、上からパートゥを強く叩き、幅5cmほどの厚い板状にする。

7
プティクトーで台についているパートゥの合わせ目をきれいに外す。

8
合わせ目を上にして打ち粉を少しふり、ビニール袋に入れて1時間休ませる。

9
短いめん棒を使い、幅8cmで均一の厚さの板状になるようにのす。

10
パートゥの中央から外側に向かって少しずつ薄くなるようにのし、全体を幅11cmにする。
◎この時、中央は高く、端は厚さ2cmほどになっています。

11
パートゥの手前と奥の端の部分を手のひらで強く叩いて、さらに薄くする。ビニールで包み、冷蔵庫で1時間冷やす。

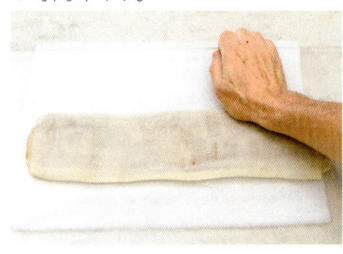

12
濡れ布巾で軽く表面を濡らし、シュークル・クリスタルをまぶす。

13
プティクトーで幅1.2cmに切る。切り口を上にして予熱した天板に並べ、オーブンに入れる。

🔥 焼き時間
電子レンジオーブン　250℃　20分
ガス高速オーブン　　220℃　17分
◎途中、パートゥがほぼ広がったら中心が盛り上がったり反ったりしないように、熱した天板を上にのせる。

14
全体にかなり濃いキツネ色がつき、周りの砂糖が溶けたら焼き上がり。

食べごろ	2日〜1週間目くらい。
賞味期限	約1週間。
保存方法	常温保存（25℃以下）。

Langue de bœuf à la cannelle

西洋かりんと
Seiyo-karinto

カリンッ、カリンッ、懐かしさの極み。
一点の曇りもない清々しい意志が果てしない心の中のエトランジェを目指し、ひるがえります。
胸に満ちる優しく澄んだ、朗らかなココアの香りに乗り、
未だ見ぬ精神と土の豊穣の地に心は飛んでいき、未知への思いに胸を熱くする。
私が初めてお菓子の勉強でフランスへ向かおうとしていた頃、多分私の心はこんな風だったと思います。
フランスでの1年、正しく日本と私の対極にある、想像もしなかった価値観はそれまでの私にとって非日常のものであり、
私のそれからの人生の進むべき道をあまりにも大きく変えたのです。

西洋かりんと
Seiyo-karinto

スペイン産の滋味豊かなアーモンドが入った、ココア風味の軽いお菓子です。
食べる人の心を子供のころに誘う、軽やかな、夢見るような味わいの西洋かりんとです。
様々な歯触りが心の扉を心地よくたたく、これも凄いお菓子なのです。

このお菓子の作り方のポイント

卵白を十分に水様化させ、とにかく頑張ってハンドミキサーを手早く回し、つぶれにくい強いメレンゲを作ることが一番のポイントです。様々のものがたくさん加えられるので、エキュモワールでゆっくり混ぜないと、ムラングがつぶれてカリンとした軽い歯触りが出ません。

材料
30枚分

90g	卵白
15g	グラニュー糖 A
31g	グラニュー糖 B
6.5g	強力粉
6.5g	薄力粉
11g	ココア
46g	アーモンドパウダー
76g	グラニュー糖
110g	ホワイトチョコレート（イボワール）
300g	アーモンド半割（皮むき）
1枚に2.5g	パートゥ・グラニテ（→ P25）
適量	粉糖

下準備

（1）ホワイトチョコレートは7〜8mm角に刻んでおく。

（2）強力粉と薄力粉は合わせてふるい、ココア、アーモンドパウダー、グラニュー糖を混ぜて合わせておく。

（3）材料は全て冷蔵庫で冷やしておく。
◎卵白はボウルごと冷やしておきます。

（4）アーモンドは180℃のオーブンで15分くらい、濃いめのキツネ色になるまで焼き色をつける。

（5）オーブンは予熱しておく。
（天板予熱あり）
電子レンジオーブン　180℃　20分
ガス高速オーブン　160℃　10分

作り方

1
卵白にグラニュー糖Aを入れ、ハンドミキサー（ビーター2本）の速度2番で1分→3番で2分→グラニュー糖Bを加え、1分30秒撹拌する。ムラングの状態

2
粉類を5回に分けて加え、【エキュモワール】で混ぜる。8割混ざったら、粉が少し残っているうちに、次を加える。

3
全て加えて8割混ざったら、ボウルの内側をゴムべらで払う。

4
刻んだホワイトチョコレートを一度に加え混ぜる。

5
8割混ざったらアーモンドを5回に分けて加え混ぜる。8割混ざったら次を加えていく。

6
大体混ざったらゴムべらでボウルの内側を払い、7〜8回混ぜる。

7
ベーキングシートの上にシャブロン（霧は吹かない）をのせ、ゴムべらでとって入れる。

8
パレットナイフで平らにならし、上にパートゥ・グラニテをのせ、少し押さえる。

9
シャブロンを外し、粉糖を1回振る。予熱した天板に移し、オーブンに入れる。

🔥 焼き時間

電子レンジオーブン　160℃　45分
ガス高速オーブン　　150℃　45分

◎薄いキツネ色に焼き上げます。
◎色がついてきたら、途中でベーキングシートをかぶせます。
◎焼き上がりは、天板の上にのせたまま冷まし、完全に水分を取り、カリンとさせます。

食べごろ	3日〜1週間目くらい。
賞味期限	約10日間。
保存方法	直射日光を避けて常温保存。

弓田亨コラム
～3～

日本のパティスィエはチョコレートの味なんか分からない

何故フランスで食べるチョコレートはおいしいのに、日本ではおいしくないのか？

　パティスリーを開店してから、次第にチョコレートを使ったお菓子の数も増え、輸入されるものの中で自分なりにおいしいと思えるチョコレートを使っているつもりでした。しかし店に余裕が出来始め、再びフランスへ行くようになった時、フランスで食べるチョコレートのお菓子は味わいはより鮮明で個性的な力にあふれ、とても深い香りと味わいがありました。改めて同じメーカーであっても、日本に輸出されているものはそのほとんどが日本向けの手抜きの悪い品質であることに気付き、何とかフランスで供給されているものと同じ品質のチョコレートを日本にもたらすことが出来ないだろうか、と考えました。

　ある時、ドゥニさんがパリ近郊に小さいが個性的なショコラトゥリーがあると教えてくれました。そして社長のドゥルシェ氏と会い、チョコレートはじめいくつかのプラリネ、ココアなどを味見しました。特にプラリネ類のおいしさは驚くべきものでした。しかし実際にお菓子に使ってみないことには、その個性、味わいの機微は分かりません。恥ずかしいことですが実は私は未だこの時、チョコレートの味わいを十分には理解していませんでした。確かに当時は他に輸入されているものよりはうまいようだ。そんな理解の程度でした。

　私はドゥルシェ氏に「このチョコレートと同じ品質のものを、間違いなく私たちにも届けられますか？」と聞きました。

　「私は自分の作るチョコレートに誇りをもっている。自分の手で、自分が作るチョコレートの品質を落とすことなど、どんなことがあっても出来ないし、あり得ない」

　彼のその言葉に私は安心を覚えました。ペック社のチョコレートが私の店に届き始めました。半月ほど毎日、チョコレートを他のメーカーのものと比較しながら食べ続けました。そして少しずつ、味わいの微妙な表情が分かり始めてきました。そして実際に何度もお菓子を作りました。

　一ヵ月ほどの後に、私は自分がとんでもなく幸運な男だと確信をもつようになりました。どのチョコレートをとっても香り、舌ざわり、口溶け、味わいに少しも切れ目がなく力を持った味わいが感覚に迫るのです。ペック社は年産1000トンの小さな工場です。正に個性豊かな力をもったカカオ豆が集められていると思いました。小さな生産量だからこそ、良いカカオ豆を密度高く使えるのです。そして何よりデルシェ氏のチョコレートへの想いが熱く伝わってくる、極めて理知的な、私の心を揺さぶる味わいでした。私はペック社のチョコレートにあって、そしてドゥルシェ氏との交わりの中で、チョコレートの味わい、素材としての役割を深く理解してきました。

　芯のある鋭さそのままの香りをもった"スーパー・ゲアキル"、上品な深い慎ましさをたたえた"アメール・オール"、両の頬がうれしくゆるむ優しいおいしさの"ラクテ・エクストラ"、例えようのない懐かしさに満ちた慈愛をたたえる"ショコラ・イボワール"…。

　さらに、それらのチョコレートで作ったお菓子は私に、あまりにも大きな驚きを与えました。それまでのお菓子がまったく異なる表情に変わってしまったのです。すごい力があるのです。香りが、味わいが、凛としていて、私の舌の上に、鼻孔で開くのです。

　それは、すべてのチョコレートのお菓子に、新たに命を与える味わいでした。ここから私のチョコレートのお菓子は一点の曇りもない味わいとなりました。

　皆さんは自分の感覚でチョコレートの味わいを理解することが出来ますか。もしB社のチョコレートが一番よいチョコレートと考えているならそれは、「私はチョコレートは味音痴です」と自ら言っているようなものです。B社のチョコレートは少しもおいしくありません。クラシックなガトーショコラ。その他のお菓子を作り、ペック社のものと比べてみてください。あまりの味わいの違いにがくぜんとするでしょう。それが真実なのです。有名なフランス人ショコラティエや日本のシェフがよいと言っているからでは情けない。

　実は彼らもそんなにチョコレートの味は分かっていません。何故ならB社のチョコレートが一番旨いと言っているのですから。

ペック社のチョコレートの品質が秀でている理由

　通常の商品は異なる産地のカカオ豆を3種類ほどブレンドして作り上げます。これには二つの理由があります。一つは単一の産地の豆だけでは香り、食感、味ともに十分力を持った味わいはなかなか難しいことです。香りのしっかりしたものに味わいのしっかりしたものをブレンドすれば全体に力のある味わいが生まれます。

　もう一つ、カカオ豆は農産物で、特に気候などによって毎年味わいにはブレがあります。そのため異なる産地のものをブレンドして味わい、品質を安定させるのです。一つの産地のものが天候が悪く、豆の品質がよくなかったとしても、他の二つの産地のものが例年通りの品質であれば、大きなブレを防ぐことが出来ます。

　ペック社ではこのブレンドをするのは前社長のデルシェさんです。彼はソルボンヌ大学出のインテリなのですが、とても理知的な感受性の持ち主で、本当にそれを食べる人の心を打つ味わいを作りだします。本当に凄いと思いますし、同じ職人として彼の仕事への真摯な態度をいつも尊敬してきました。彼が選んだとても個性的なカカオ豆と、彼のセンスによって作り上げられるチョコレートは、世界で一番おいしいと私は確信します。

チョコレート菓子を作るのにはココアの質も重要

　チョコレートのお菓子を作るのにはチョコレートと同時にココアも特に大事です。深い力のある五感に浸みこむ長い香りを持ったものでなければなりません。そして色合いは深く、芯のあるものでなければなりません。また保存方法がとても大事です。ペック社のものは、私のココアに対するイメージを完全に満たしてくれます。

　ココアはごく小さく挽かれているので、表面積がとても広く短時間で酸化され、色は白っちゃけてしまい、香り、味わいは失われていきます。心と身体を包みこむ深く長い香りは、ビスキュイ、ジェノワーズ、ババロアなどに加工される家庭でも失われず、印象的でおいしいパートゥやクレームをつくりだします。これを使えばもう他のココアは使えません。

ピーナッツのクッキー
Sablé aux cacahouètes

かぼちゃのクッキー
Sablé au potiron

チョコレートと
ナッツのクッキー
Sablé au chocolat et aux noix

ナッツのクッキー
Sablé aux noix

私は毎年の新作発表会「イル・プルー・シュル・ラ・セーヌの1年」で毎年1つの新しいクッキーを作りますが、
これだけは暖かくて嬉しくておいしい、心浮き立つものを作ろうとしてきました。
でも他の人がとてもおいしいと言っても、最後には私の心としっくり重なり合うおいしさでなければこれでOKにはなりません。
本当にシンプルに心浮き立つおいしさを産む私の感性は心の底に姿を隠しているようなのです。
なかなかイメージに重なり合うものが出来ず、いつも10回以上の試作となってしまいます。
でもどんな時でもしつこく、うれしく楽しい自分を捜し出すことが、私の試作の全てなのです。

ピーナッツのクッキー
Sablé aux cacahouètes

私はピーナッツがとんでもなく大好きです。
少し機嫌が悪い時でも、ピーナッツをほうばれば、心はホッとし、素直になれるのです。
旨いピーナッツがあれば、例え一時でも私の気難しさは薄れ、私はどんどん善良になってしまう。
口の中にピーナッツの個性がはずむ嬉しく楽しい味わい、心弾む香ばしさ溢れるピーナッツのクッキーです。
本当にもう何枚食べても少しも飽きが来ない旨さです。

お菓子の作り方のポイント

ピーナッツは個性を表現する力がとても弱い。どうしても他の素材に埋れやすい。そこで私の感覚に従って様々の素材の力を借りて、全体のピーナッツのイメージを作り上げました。もちろんピーナッツ自体もしっかりと味のあるものを選ばなければなりません。このクッキーを作るに際し、数種試しましたが、試作の時点では下記のメーカーのものがとりあえずしっかりした味わいがありました。

材料
長さ18cmの棒状　2本分（約36枚分）

- 200g　バター
- 60g　粉糖
- 80g　キャソナッドゥ
- 20g　蜂蜜（百花蜜）
- 28g　卵黄
- 30g　プラリネ・ノワゼットゥ
- 12滴　バニラエッセンス
- 40g　ココナッツファイン
- 240g　強力粉
- 0.2g　シナモンパウダー
- 2g　塩（ゲランド）
- 8g　ヘーゼルナッツ
- 240g　ピーナッツ *1

- 適量　シュークル・クリスタル

*1　ピーナッツは（有）ますだの「うす皮煎り」を使っています。ネット販売あり。
http://www.masuda-shop.co.jp/index.htm

下準備

(1) ヘーゼルナッツは180℃のオーブンで焼き色をつけ、1〜3mm角に細かく挽く（粉が入るくらい）。ピーナッツはボウルのまま190℃のオーブンで8分焼く。

(2) 強力粉、シナモンパウダーは合わせてふるい、冷蔵庫で1時間以上冷やしておく。ココナッツファイン、ヘーゼルナッツ、ピーナッツ、塩も冷蔵庫で冷やしておく。

(3) バターは厚さ1cmほどに切って18cmボウルに広げて入れ、室温に30分〜1時間ほどおき、少し硬めのポマード状（→P180）にする。

(4) 21cmボウルを冷蔵庫で冷やしておく。

(5) のし台は冷凍庫に入れておく。また保冷のためにのし台の下に敷くタオルも水で濡らして絞り、冷凍庫で板状に凍らせておく。

作り方

1 Le premier jour

1
バターを木べらで練り、粉糖を2回に分けて加え、10秒間に15回の速さで80回ずつ手早く混ぜる。【平行だ円】
キャソナッドゥは3回に分けて、蜂蜜は1度に加え混ぜる。【だ円】

2
卵黄を1度に加えて、同様に80回混ぜる。十分に混ざったら、プラリネ・ノワゼットゥ、バニラエッセンスを加える。

3
ココナッツファインの半量を加え、同様に手早く強い力で十分に混ぜる。
ココナッツファインが見えなくなってから、さらに30回ほど混ぜる。

4
残りのココナッツファインも加え、同様に手早く強く混ぜる。ココナッツファインが見えなくなってから30回ほど混ぜる。塩を加える。ここで21cmボウルに移し替える。

5
粉の半量を加え、木べらで切り混ぜる。粉が見えなくなったら、木べらですりつぶすように混ぜる。粉がほぼ見えなくなったら、さらに15回ほどすりつぶす。

6
残りの粉を加え、同様に混ぜる。粉が半分ほど混ざったら、ヘーゼルナッツとピーナッツを加え、すりつぶすように混ぜる。

7
粉が見えなくなったら、さらに15回すりつぶして混ぜる。

8
打ち粉をふったのし台に **7** をおき、転がしながら直径6cm、長さ18cmの棒状に丸める(1本約470g)。凹凸になった両端をカードで強く押して整え、紙を敷いたバットにのせ、ビニール袋をかぶせる。

❄ **冷凍庫で一晩休ませる**
◎冷凍保存する際もこのタイミングで。15日間ほど保存可能。

2 Le deuxième jour

9
切る前に冷蔵庫に移し、1時間ほどおく。
◎かなり前に解凍しておいても、柔らかくなりすぎて切りにくくなることはありません。

10
オーブンを予熱しておく。
電子レンジオーブン　220℃　20分
ガス高速オーブン　190℃　10分

11
包丁で厚さ1cmに切り、天板に並べる。

12
表面にシュークル・クリスタルをふり、指で軽く押さえ、オーブンに入れる。

🔥 焼き時間
電子レンジオーブン
　　　　　200℃　11〜12分
ガス高速オーブン
　　　　　180℃　11〜12分
◎ほどよい薄いキツネ色に焼き上げます。焼きすぎるとピーナツの香りが飛んでしまいます。

食べごろ	3日〜1週間目くらい。
賞味期限	約10日間。
保存方法	常温。

ナッツのクッキー
Sablé aux noix

ヘーゼルナッツ、くるみ、アーモンドの力強く暖かくふっくらとした、私がかくありたいと思う心溢れる味わいのクッキーです。
何か心がホッとする、まるであの人を大きな胸に包まれているような味わいです。
3つのナッツの個性が消えないように精一杯競わせました。
誰もが嬉しくなる大きなふくらみのある味わいが出来ました。

お菓子の作り方のポイント

バターは硬めのポマード状を保ちながら、泡立てないように気をつけながら、砂糖、卵その他を加え、木べらで十分に混ぜ込みます。バターと粉が同割なので、泡立ててしまうと広がりすぎ、崩れやすく味わいがぼけてしまいます。また3つのナッツの味わいを十分にするためには、3種とも本当においしいものを使うことが大事です。アメリカ産は使いません。

材料
長さ15〜16cmの棒状　2本分（30〜32枚分）

200g	バター
40g	粉糖
20g	キャソナッドゥ
20g	蜂蜜（百花蜜）
28g	卵黄
40g	プラリネ・ノワゼットゥ
8滴	バニラエッセンス
100g	ココナッツファイン
30g	アーモンドパウダー
200g	薄力粉
1g	シナモンパウダー
45g	くるみ
45g	ヘーゼルナッツ
適量	シュークル・クリスタル

食べごろ	3日〜1週間目くらい。
賞味期限	約10日間。
保存方法	常温。

下準備

（1）くるみは3〜5mm角に刻む。ヘーゼルナッツは半割の中心が少し濃いめの焼き色になるように180℃のオーブンで焼いておく。冷めてから冷蔵庫で1時間以上冷やしておく。

（2）アーモンドパウダー、薄力粉、シナモンパウダーは合わせてふるい、冷蔵庫で冷やしておく。その他の材料も冷蔵庫で冷やしておく。

（3）バターは厚さ1cmほどに切って18cmボウルに広げて入れ、室温に30分〜1時間ほどおき、少し硬めのポマード状（→P180）にする。

（4）21cmボウルを冷蔵庫で冷やしておく。

（5）のし台は冷凍庫に入れておく。また保冷のためにのし台の下に敷くタオルも水で濡らして絞り、冷凍庫で板状に凍らせておく。

作り方

1 Le premier jour

1
バターを木べらで練り、粉糖を2回に分けて加え、10秒間で15回の速さで80回ずつ手早く混ぜる。【平行だ円】
キャソナッドゥは3回に分けて、蜂蜜は1度に加え混ぜる。

2
1に卵黄を1度に加え、同様に80回混ぜる。十分に混ざったら、プラリネ・ノワゼットゥ、バニラエッセンスを加える。

3
アーモンドパウダーを1度に加える。ココナッツファインの半量を加え、同様に手早く強い力で十分に混ぜる。
ココナッツファインが見えなくなったら、さらに30回ほど混ぜる。

4
残りのココナッツファインも加えて同様に手早く強く混ぜ、ココナッツファインが見えなくなってから30回ほど混ぜる。ここで21cmボウルに移し替える。

5
粉の半量を加え、木べらで切り混ぜる。

6
粉が見えなくなってきたら、木べらですりつぶすように混ぜる。粉がほぼ見えなくなったら、さらに15回ほどすりつぶす。

7
残りの粉を加え、同様に混ぜる。粉が半分くらい混ざったらくるみとヘーゼルナッツを加え、すりつぶすように混ぜる。

8
粉が見えなくなったら、さらに15回すりつぶして混ぜる。

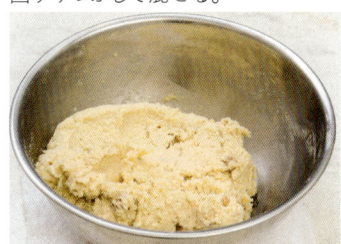

9
打ち粉をふったのし台に7をおき、転がしながら直径5cm、長さ16cmの棒状に丸める（1本約360g）。凹凸になった両端をカードで強く押して整え、紙を敷いたバットにのせ、ビニール袋をかぶせる。

🧊 **冷凍庫で一晩休ませる**
◎冷凍保存する際もこのタイミングで。15日間ほど保存可能。

2 Le deuxième jour

10
切る前に冷蔵庫に移し、1時間ほどおく。

11
オーブンを予熱しておく。
電子レンジオーブン　210℃　20分
ガス高速オーブン　　190℃　10分

12
厚さ1cmに切り、天板に並べる。表面にシュークル・クリスタルを表面に軽くふり、指で軽く押さえ、オーブンに入れる。

🔥 **焼き時間**
電子レンジオーブン
　　　　　　　　190℃　11〜12分
ガス高速オーブン
　　　　　　　　180℃　11〜12分
◎ほどよい薄いキツネ色に焼き上げます。

Sablé aux noix | 109

チョコレートとナッツのクッキー
Sablé au chocolat et aux noix

アーモンド、ココナッツ、くるみ、チョコレートが大きくふっくらと重なります。懐かしい、ホッとするおいしさです。3種のナッツの暖かな味わいを、ちょっとトーンの違うチョコレートの味わいが、全体を楽しくまとめています。心がふっと日常を飛び出して何か小さな胸騒ぎ、ちょっと新鮮な暖かさです。

お菓子の作り方のポイント

これまでの他のクッキーとほぼ同じです。もちろんナッツの味わいも香り高いものが必要です。そして3種のナッツの味わいに立ち向かえるキリリと芯のある香り、味わいのチョコレートが絶対必要です。当然ペック社のチョコレートです。

材料
長さ16cmの棒状　2本分（40〜44枚分）

170g	バター
140g	粉糖
40g	卵黄
8滴	バニラエッセンス
20g	アーモンドパウダー
80g	ココナッツファイン
200g	薄力粉
60g	アーモンドダイス
80g	スイートチョコレート（アメール・オール）
120g	くるみ
適量	シュークル・クリスタル

下準備

（1）くるみ、スイートチョコレートは共に5mm角に刻み、冷蔵庫で冷やしておく。

（2）薄力粉はふるい、冷蔵庫で冷やしておく。その他の材料も全て冷蔵庫で冷やしておく。

（3）バターは厚さ1cmほどに切って18cmボウルに広げて入れ、室温に30分〜1時間ほどおき、少し硬めのポマード状（→P180）にする。

（4）21cmボウルを冷蔵庫で冷やしておく。

（5）のし台は冷凍庫に入れておく。また保冷のためにのし台の下に敷くタオルも水で濡らして絞り、冷凍庫で板状に凍らせておく。

食べごろ	3日〜1週間目くらい。
賞味期限	約10日間。
保存方法	常温。

作り方

1 Le premier jour

1
バターを木べらで練り、粉糖を2回に分けて加え、10秒間で15回の速さで80回ずつ手早く混ぜる。【平行だ円】

2
1に卵黄を1度に加え、同様に80回混ぜる。十分に混ざったら、バニラエッセンスを加える。

3
アーモンドパウダーを1度に加える。ココナッツファインの半量を加え、同様に手早く強い力で十分に混ぜる。
ココナッツファインが見えなくなったら、さらに30回ほど混ぜる。

4
残りのココナッツファインも加えて同様に手早く強く混ぜ、ココナッツファインが見えなくなってから30回ほど混ぜる。ここで21cmボウルに移し替える。

5
粉の半量を加え、木べらで切り混ぜる。

6
粉がほぼ見えなくなったら、さらに15回ほどこれを繰り返す。
◎混ざりにくくなってきたらすりつぶすように混ぜます。

7
残りの粉を加え、同様に混ぜる。粉が半分くらい混ざったら、アーモンドダイス、チョコレート、ヘーゼルナッツを加え、大体まとまるまで手でこねる。

8
打ち粉をふったのし台に7をおき、転がしながら直径5cm、長さ20cmの棒状に丸める（1本約450g）。凹凸になった両端をカードで強く推して整え、紙を敷いたバットにのせ、ビニール袋をかぶせる。

🧊 **冷凍庫で一晩休ませる**
◎冷凍保存する際もこのタイミングで。15日間ほど保存可能。

2 Le deuxième jour

9
切る前に冷蔵庫に移し、1時間ほどおく。

10
オーブンを予熱しておく。
電子レンジオーブン　210℃　30分
ガス高速オーブン　　180℃　15分

11
厚さ7〜8mmに切り、天板に並べる。シュークル・クリスタルを表面に軽くふり、指で軽く押さえ、オーブンに入れる。

🔥 **焼き時間**

電子レンジオーブン
　　　　　　　190℃　11〜12分
ガス高速オーブン
　　　　　　　170℃　12〜13分

◎外側ははっきりとしたキツネ色になり、中心もキツネ色になるまで焼きます。底の色は薄めのキツネ色にします。あまり強く色をつけません。

Sablé au chocolat et aux noix

かぼちゃのクッキー
Sablé au potiron

暖かい、優しい味わいのかぼちゃのクッキーです。
くるみの優しくふっくらとした歯触りと味わいがかぼちゃを優しくし、でもしっかりと支えます。
フックラ、ポックラした寒い時期にはとても嬉しいクッキーです。
物珍しさだけであちこちでかぼちゃのクッキーが作られていますが、
しっかりとかぼちゃの表情を感じさせてくれる本当に楽しくておいしいものはなかなかおありません。
本当にかぼちゃのクッキーです。

お菓子の作り方のポイント

やはりかぼちゃの選択は大事です。ポックリとした味わいで水分が少ないものが適しています。またかぼちゃは国産のものより輸入物の方が味わいがしっかりしている場合が多いので試してみてください。また生のかぼちゃだけでは味が弱いのでフリーズドライで粉末状のかぼちゃと人参を加えます。またあくまでメインはかぼちゃですが、楽しい歯触りと豊かな味わいを重ねかぼちゃを印象的なものにするためにフランス産くるみを加えています。

材料
長さ15cmの棒状　2本分（30枚分）

180g	バター
90g	粉糖
66g	キャソナッドゥ
2.6g	塩
64g	卵黄
18g	プラリネ・アマンドゥ
10滴	バニラエッセンス
172g	蒸したかぼちゃ
28g	蒸したさつまいも
10g	ヘーゼルナッツパウダー
30g	アーモンドパウダー
22g	アーモンドダイス
170g	薄力粉
7g	かぼちゃパウダー *1
10g	人参パウダー *2
0.6g	シナモンパウダー
100g	くるみ
適量	キャソナッドゥ（1枚につき0.5g）

*1 かぼちゃパウダー　*2 人参パウダー

下準備

(1) アーモンドダイス、ヘーゼルナッツパウダー、アーモンドパウダーは180℃のオーブンで約10分よく混ぜながら、濃いめの焼き色をつけ、冷蔵庫で冷やしておく。

(2) 粉類は合わせてふるい、冷蔵庫で冷やしておく。

(3) 蒸したかぼちゃとさつまいもは裏ごしして合わせ、まとまるまで木べらでよく混ぜておく。

(4) 24cmボウルを冷蔵庫で冷やしておく。

(5) のし台は必ず冷凍庫に入れておく。また保冷のためにのし台の下に敷くタオルも水で濡らして絞り、冷凍庫で板状に凍らせておく。

作り方

1 Le premier jour

1
バターを木べらで練り、粉糖を2回に分けて加える。塩は1度に、キャソナッドゥは3回に分けて加え、10秒間で15回の速さで80回ずつ手早く混ぜる。【平行だ円】

2
卵黄を3回に分けて加えて、同様に80回混ぜる。

3
合わせたプラリネ・アマンドゥとバニラエッセンスにパートゥを少量とってのばし、さらに混ざりやすくしてから全体のパートゥに混ぜる。

4
かぼちゃとさつまいもに**3**を少しとって加え、のばしてから、**3**に戻し入れる。十分なめらかになるまで木べらですりつぶすように混ぜる。ここで21cmボウルに移し替える。

5
ヘーゼルナッツパウダー、アーモンドパウダー、アーモンドダイスを1度に加え混ぜる。

6
粉の半量を加え混ぜる。ボウルの内側をゴムべらで払い、残りの粉を加える。粉がまだ見えるうちに、くるみを加える。

7
粉が見えなくなったら、冷やしておいたのし台の上に出し、下から折りたたむように全体を混ぜる。バットに広げ、冷蔵庫で1時間ほど冷やす。
◎かぼちゃの水分でパートゥがかなり柔らかくなるので、冷蔵庫で冷やし固めてからまとめます。

Sablé au potiron | 113

8
しっかり硬くなったら、再びのし台の上に出し、軽く手ですりつぶす。丸めて直径5.5cm、長さ15cmの棒状にする（1本約450g）。

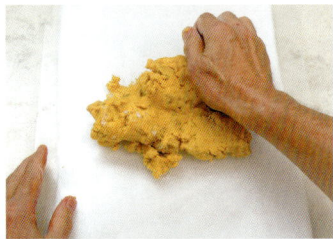

🔥 **冷凍庫で一晩休ませる**
◎冷凍保存する際もこのタイミングで。15日間ほど保存可能。

2 Le deuxième jour

9
切る前に冷蔵庫に移し、1時間ほどおく。

10
オーブンは**予熱**しておく。
電子レンジオーブン　170℃　20分
ガス高速オーブン　　50℃　10分

11
厚さ1cmに切り、天板に並べる。表面にキャソナッドゥ（1枚につき5g）をふり、指で軽く押さえ、オーブンに入れる。

🔥 **焼き時間**

電子レンジオーブン
　　150℃　20分→160℃　10分
ガス高速オーブン
　　140℃　20分→150℃　10分

◎焼き色をつけすぎるとかぼちゃの香りや味が薄れてしまうので、焼きすぎてはいけません。しかし周囲には薄いキツネ色をつけないと香ばしさが出ません。
◎焼いてから最低半日は網の上で乾燥させ、十分水分を抜きます。

食べごろ	3日〜1週間目くらい。
賞味期限	約10日間。
保存方法	常温。

弓田亭コラム 4

香りは味わいの最も大事な要素

私なりの味わいの分析法です。

　味わいを三つの要素に分けます。香り、食感、味が一つの大きな全体の味わい、おいしさ、まずさを作りだします。
　「香り」は口に入る前の香りから続き、飲み下した後の残りがまでもが含まれています。これは食べ物から昇化する気化成分によって鼻腔で感じる化学的反応です。
　「食感」は口に入れてからのパートゥの崩れ方、口溶け方、喉ごしまでの、様々な種類の圧力とその強弱の感覚です。これにバターやチョコレートのカカオバターなどの固体から溶ける融解熱などが含まれる物理的な感覚です。例えば融解熱は舌から多めの熱が摂られるので、シャープで涼し気な口溶けを感じさせます。
　三つ目が「味」です。これは唾液に溶けた成分が舌に与える化学的な反応です。
　この三つが口に入れる前の匂いから飲み下した後の喉ごし、残り香迄含めた過程の間で、多重性に、多様性をもって立体的に複雑に影響し合い、一つの味わいを作り上げます。
　味わいには絶対的な味わいはありません。他の様々な要素との相対的な関係なのです。本当においしい味わいが、何か異なる香り、食感、味わいの一つでも加わることによって、全くまずいものに変わってしまいます。勿論、この反対の場合もあります。
　この三つの要素の中で最も大事なのが香りなのです。
　人間のDNAの情報の中には無限の食べ物に関する良い情報、悪い情報が蓄積されています。
　まず香りは目の前にある食べ物が、これを食べても命をおびやかすものか、身体に良いものかを見極めようとします。もし毒を誤って口に入れてしまえば、それで命は停止してしまうので、あらん限りの情報を駆使して判断しようとします。
　口に入れて大丈夫と判断した場合も、実際に噛んでみた食感によって、さらに安全性を確かめようとします。そして舌に感じる味によっても、更なる最終的な確認をします。まだ飲みこまなければ大丈夫かもしれません。

　毒を飲み込んでしまえば、ほとんどの場合は取り返しのつかないことになります。そこで口に入れる前の匂いは最大限の情報で的確に判断しようとします。本当においしいたくさん取り入れるべきものだと判断されたものには、安堵の感覚が生まれます。これがおいしさなのです。
　本当においしい、心を打つお菓子屋料理には必ず印象的な匂いがあります。私共イル・プルー・シュル・ラ・セーヌのお菓子・料理は、もちろん食感、味も大事ですが、匂いを特に大事なものと考えています。私共の食べる人の感覚に訴えるおいしさには必ず豊かな香りが感じられます。
　食感、味は変わっていないのに本当に良い香りを加えると、全体のお菓子の味わいが生まれ変わってしまうのです。特に日本の生クリーム、牛乳、卵その他の素材は味わい、香りが乏しいので、フランスでお菓子を作る以上に、バニラエッセンス等の香りの使い方が大事になります。

　バニラにはバニラ棒、バニラエッセンス、バニラシュガーがありますが、特に日本のお菓子作りには、バニラの役割が重要になります。タヒチ産のバニラを良いと言われる方がおられますが、タヒチ産の薬臭い香りはお菓子には決して向いていません。やはりお菓子作りには昔から使われているマダガスカル産のブルボン種のバニラがお菓子には一番ふさわしい、自然な甘い香りが一番なのです。
　フランスで加えない場合でも、日本の香り、味わいの希薄な素材では、より多くの工程で旨く使われなければなりません。

　ついでながら「食感」という言葉は私が25年ほど前に出した初めての著書「パティスリー・フランセーズそのイマジナスィオン」の中で初めて使ったものです。

パン・オ・フリュイ・セック
Pain aux fruits secs

　おぼろげに差し込む、深き聖なる色合いに、移ろうものの全てを脱ぎ去り、私は佇み、視線は天に伸び、聖なるものを目指す。
　　　　全ての私が一つになり、存在は静かに私の顔に降り注ぎ、神の思いに包まれる。
　　　　　時は音もなく立ち昇り、生の煩いも立ち昇り、人の罪さえも音もなく立ち昇り、
　　　　　　　少しの張り詰めるものもなく、私は愛しくわが身をかき抱く。
　ステンドグラスの藍色はマリアの子宮の息遣い。もれ出る光の奥深く神の意志は静かに私を見つめる。
　　　　私の罪の衣は既に天空の彼方に飛び、わが身は望外の安寧に包まれる。
　　　　　　　私も身は朽ち果てようと、いつしか神のみ胸に包まれることを。

　これまで訪れたフランスの多くの教会、そこで私の心に焼きついたステンドグラスの心の奥深くしみ入る色合いが、
　　　　そして神の意志に満ちた空間がこのお菓子を作らせたように思えるのです。
　　散りばめられたフルーツはステンドグラスの色合いを３つのフルーツから立ち昇る香りが神の意志を感じるのです。

パン・オ・フリュイ・セック
Pain aux fruits secs

これはフランス、アルザスのクリスマスのお菓子、ビルヴェッカ（→P170）とパンに多めのドライフルーツが入った、パン屋さんで見るパン・オ・フリュイ・セックの中間的な味わいです。
パンとしてではなくお菓子としてのパン・オ・フリュイ・セックを作ろうとしたものです。
1週間、10日とパンはかなり硬くなっても、ドライフルーツからの深い香り、味わいは醸し出されて本当においしい。

お菓子の作り方のポイント
技術的には何も難しいところはありません。ただ切った断面がきれいになるように、パンの層に隙間が出来ないように整形には注意してください。

材料　｜ 1本分

パン生地

7g	ドライイースト*2	
3.5g	キャソナッドゥA（予備発酵用）	
135g	湯（約40℃）	
128g	強力粉	
64g	ライ麦粉（ナチュラル）*1	
34g	ライ麦粉（パワー）*1	
4g	キャソナッドゥB	
5g	塩（ゲランド）	
1g	シナモンパウダー	
35g	バター	

ガルニテュール

70g	オレンジピール
60g	干しイチジク
38g	くるみ
30g	干しぶどう（サルタナ・レーズン）
適量	塗り卵（→P24）
20g	パートゥ・グラニテ（→P25）

*1　鳥越製粉（株）のライ麦粉を使っています。ナチュラルは細挽き、パワーは粗挽きです。味わいを豊かにするために両方加えています。

*2　生イーストを使用する場合は、生イースト28gにします（水の分量は変わりません）。生イーストは水で溶かして使用します。予備発酵は不要です。ドライイーストの予備発酵の時に使うキャソナッドゥ3.5gは味のために入れてください（通常生イーストを使用する際、グラニュー糖は入れません）。

下準備

（1）**パン生地**の強力粉、ライ麦粉2種類は合わせてふるい、冷蔵庫で冷やしておく。その他の材料も全て冷蔵庫で冷やしておく。

（2）バターは少し硬めのポマード状（→P180）にしておく。

（3）**ガルニテュール**は全て干しぶどうと同じくらいの大きさに切る。
◎オレンジピールは缶づめのシロップの濃度が濃く、そのままでは生地に散らしにくいので水でよく洗って汁気を取ります。

（4）のし台やめん棒は冷凍庫に入れておく。また保冷のためにのし台の下に敷くタオルも水で濡らして絞り、冷凍庫で板状に凍らせておく。

（5）オーブンは予熱しておく。
電子レンジオーブン　220℃　20分
ガス高速オーブン　　200℃　10分

作り方

1
ドライイーストとキャソナッドゥAに湯（約40℃）を加え、ホイッパーで溶く。35〜40℃ほどの暖かい場所におき、5mmほど泡が盛り上がるまで予備発酵させる。予備発酵が出来たら5℃以下の氷水で冷やし、発酵を止める。

2
パンこね器のボウルに粉類、シナモンパウダー、キャソナッドゥB、塩を入れて回す。

3
予備発酵させたイーストを紐状に細く少しずつ加えていく。

4
サラサラした粉がほぼなくなったところでパートゥを押し込んだり（写真上）、半分に切ったり（写真中）しながら2分30秒、均一になるまでこねる（写真下）。
◎このパートゥは硬く、ただビーターを回すだけでは均一に練り上がりません。

5
バターを3回に分けて加える。4と同様にパートゥを手で押し込んだり、握りつぶしたりしながらこねる。手にバターのぬめりを感じなくなってから次を加える。バターが全部混ざったら、さらに2分30秒こねる。
◎1.5倍量の時は量が多いので3分こねます。
◎バターが入ると柔らかくなり、パートゥを手で押し込まなくてもしっかり練り上がります。

6
ボウルに移し、2.5〜3倍に膨れるまで25〜26℃くらいの少し暖かいところで約30分一次発酵させる。
◎発酵が足りないと、パンが硬くなり粉の味が出ません。

7
冷やしておいたのし台の上で、パートゥを手で叩いて平らにし、めん棒で20×37cmにのばす。
◎広くのばさないとフルーツが多いので層が離れて焼き上がることがあります。

8
手前と奥の両端、幅3cmを5mmほどに薄くのす。

9
まずオレンジピールをパートゥに埋め込むように押し付けながら、奥と手前の薄いところだけ除いて全体に均一に散らす。干しいちじく、くるみ、干しぶどうも散らし、全体を強めの力で押してパートゥの中に埋める。

10
少し締めるようにして奥から巻いていく。

11
巻き終わったら、両端のパートゥでフルーツを包むように手前に回転させると同時にパートゥを締めながらまとめる。

12
塗り卵を塗り、パートゥ・グラニテを散らし、手でしっかりつける。

13
30℃ほどのオーブンの上などに置き、2倍量まで十分にふくらませてからオーブンに入れる。
◎大体、40〜60分くらいです（時間は気温によって異なります。）
（発酵前）
長さ 約21cm　幅 約6.5cm
高さ 約6.5cm
（発酵後）
長さ 約24cm　幅 約8.5cm
高さ 約7cm

🔥 **焼き時間**
電子レンジオーブン
　　　　　　　　200℃　約28分
ガス高速オーブン　190℃　28分
◎パートゥ・グラニテにほど良いキツネ色がつくまで焼きます。
◎硬くなっても充分においしいですが、冷めたらビニールなどで包んだ方がよりしっとりとしたおいしさは続きます。

食べごろ	焼いた当日から10日間。
	パン生地が少し硬くなってもドライフルーツから出る味わいで半月ほどではさらにおいしさが深くなっていきます。
賞味期限	約2週間。
保存方法	常温。

Pain aux fruits secs

第 3 章

フランスの昔からのお菓子も、
この日本でさらに豊かな表情を見せる

本場よりもおいしいと言わしめた数々の味わい

ガレットゥ・ブルトンヌ　Galette Bretonne

フィナンスィエ　Financier

マドゥレンヌ　Madeleine

フィナンスィエ
Financier

私はお菓子に自分の味わいを作ろうとする時、
自分の感性の全てがその味わいと重ならなければ私の感性はさらに先へ進もうとします。
どんなに些細なズレであっても、これでよしと私を離してくれることは決してありません。
私にとって味わいを作るということは、私の存在を外に広げることなのです。
しかし私の心のありようと違わぬものが出来なければ、それはただの徒労なのです。試作は続けられます。
でも真から自分を感じられる味わいはいつも半分ほどしか得られません。
あとの半分は自分のどこかが欠けたような無念さとさみしさをずっと引きずり続けます。とにかく女々しく執拗なのです。
このフィナスィエは正に私の重厚なしつこさによって作られた意識の凝縮の結果なのです。
シンプルな配合で焼き上げられたこの小さなお菓子には、
様々な香り、食感、味わいがこれでもかと言わんばかりに投げ込まれています。
正にフランス菓子の多様性と多重性が凝縮されています。
一口の味わいが五感を大きく包み込みます。一嚙み一嚙みに、意識は熱くそば立ちます。

お菓子の作り方のポイント

一番大事なものは味わい豊かなアーモンドと発酵バターです。アメリカの味わいの希薄なアーモンドでは、フランス的な味わいは成り立ちません。焦がしバターは茶色に焦げた沈殿物もすべてパートゥに加えます。これが香りを高めます。

パートゥは卵白にグラニュー糖、水飴を加えてからの起泡の程度で、かなり違った感じのものになります。しかし、これもそれなりに特徴のある歯ざわり、味となります。一番よくない状態は、空気の入り過ぎた場合です。この場合はパートゥのすだちが粗くなり舌ざわりもザラつき、味わいも不十分なものになります。このことを参考に、それぞれの好みの起泡量をつかんでください。空気が多ければ、それだけ表面が型からはみ出して膨れ、このはみ出した部分が大きくなります。はみ出した部分が少しでるくらいにするとよいでしょう。

材料
4.5cm × 7cm のオーバル型　10 個分

76g	卵白
76g	グラニュー糖
14g	水飴 *1
31g	アーモンドパウダー
15g	強力粉
15g	薄力粉
76g	焦がしバター（→ P24）
5 滴	バニラエッセンス

＊1　水飴は短時間で焼き色を濃くつけるために加えています。

下準備

（1）卵白は常温に戻しておく。

（2）アーモンドパウダーはふるっておく。

（3）強力粉と薄力粉はふるっておく。

（4）型にポマード状のバター（分量外）を塗っておく。

（5）オーブンは予熱しておく。
（天板予熱あり）
電子レンジオーブン　270℃　20 分
ガス高速オーブン　220℃　10 分

作り方

1
ボウルに卵白を入れ、ホイッパーで10秒間に17〜18回往復ほどの速さで、白さがはっきり泡立つまでほぐす。【直線反復】
◎卵白の温度で白く泡立つまでの時間がかなり違うので注意してください。

2
グラニュー糖、水飴を一度に加え、さらに卵白の泡の粒が小さくなり、コシの強さが出て手に重さが感じられるまで泡立てる。

3
アーモンドパウダーを一度に加え、ホイッパーでよく混ぜる。【円】

4
粉を6〜7回に分けて加える。1回加えるごとに10秒間に15回の速さで混ぜる。【すくい上げ】
◎ホイッパーで円を描くように混ぜるとグルテンもより多く生成され、粉の澱粉も他の素材を包みすぎ、軽いホロっとした歯触りが出にくくなります。ここでは粉の混ざりがより浅いすくいあげで最後まで混ぜていきます。

5
粉を入れ終わってから、さらに20回ほど同様に混ぜる。生地をよく見て大体粉の粒がなくなったら混ぜるのを止める。

6
焦がしバターを6〜7回に分けて加え混ぜる。
◎二人で作業する場合は、一人が少しずつ細めの紐状にして加え、4と同様に混ぜていきます。半量くらいまでは本当に少しずつ加えていきます。
◎焦がしバターは加える時の温度が重要です。冬の寒い時などで、他の材料が冷えきっている時などは、100℃ほどに熱したものを加えた方が間違いがないでしょう。
◎最初から多めに加えてしまうと、バターの混ざり具合がどうしても悪くなるので、注意してください。

7
バニラエッセンスを加え混ぜる。
◎混ぜ終わりはトロッと流れるような状態。
◎パートゥの状態は、焦がしバターを加え終わってからも、トロッと流れるような感じでなければなりません。混ぜ合わせる時に、他の材料の温度に対して、バターの温度が低過ぎると、バターが固まり始め、少しドロッとした感じになります。この様な場合は、焼き上がったパートゥを縦に切ってみると断面の底の方だけがバターがしみたようになってしまいます。または泡が消え過ぎて、少し固めに焼き上がることもあります。これは、パートゥの上部の方のバターがよく混ざっていないために、下部に沈んだためです。もちろん味、歯触りともに香ばしくありません。

食べごろ	出来れば作った当日。
賞味期限	4〜5日。
保存方法	常温。

8
型に、9分目までパートゥを流し入れ、オーブンに入れる。
◎パートゥが出来上がったら、すぐに型に流し入れて焼きます。
◎焼くまでに時間がかかるとバターが分離しやすくなるので、5分以内にオーブンに入れます。

🔥 **焼き時間**

電子レンジオーブン
240℃　5分 → 230℃　6分

- 5分 — 真ん中がかなり膨れて周りにキツネ色がつき、表面に薄い焼き色がつきます。
- 10分 — かなり焼き色が強くつきます。中心と外側の向きを入れ替えます。
- 11分 — 底、側面の焼き色はかなり濃いめになります。

ガス高速オーブン
210℃　3分30秒
→ 170℃　6分30秒

◎天板を予熱するのは、短時間で表面を固め、膨らみすぎないようにするためです。
◎低温で焼くと、コントラストのない味わいになってしまいます。表面は少しカリカリ、中はふっくら焼き上がるのが、おいしいフィナンスィエです。

9
焼き上がったらすぐに型から外す。

ガレットゥ・ブルトンヌ
Galette Bretonne

私の人生では様々の重苦しい出来事が続くことが普通でした。
いつもこの苦しみ、悲しさは一生続くのではないかと思われました。
先の見えない漆黒の暗闇の中で、頭を上げる力もなくうなだれることが私にとって生きることなのだと思ったこともありました。
でも時は不思議です。喉を震わせながら流した涙も時は運び去り、いつかは惨めさも底をつき、心と視線は少しずつ上にのび、気がつけば雨が上がった香ばしい陽の光、悲しみは生きる証、暗闇が深ければ夜明けの光はよりまぶしく、心をよみがえらせる。
時は私にこんな思いも与えてきました。暗闇の後に来る幸せ。あの時の心とこのお菓子は重なります。
とっくに優しく明るく嬉しい味わいのガレットゥ・ブルトンヌです。

…ありました。
…に。そんな味わいです。

ク産ミ
…る限
…忠実

1 Le premier jour

…ターを入れ、木べらで柔
…すぎない程度に練る。粉
…に分けて加え、80回ずつ
…【平行楕円】

…回に分けて加え、10 秒間
…速さで 100 回ずつ混ぜる。

…ダー、フロマージュブラン、
…サントレを加え混ぜる。

お客様各位

お買い上げ頂き、誠にありがとうございます。

イル・プルー・シュル・ラ・セーヌのレシピは、お菓子教室での講習や、その他デモンストレーションなどを繰り返すことにより、よりおいしいものが作れるように、と書籍が出版されてから、改訂される場合があります。

より新しい訂正を読者の皆さまにお伝えするため、ホームページにて随時更新しております。

ご自分の作ろうと思っているお菓子のレシピに訂正がないか、ホームページにてチェックされてから、お菓子を作り始めることをオススメします。

またホームページにご覧になれないお客様には、お電話、またはFAXで対応しますので、疑問点がございましたら、お手数ですがご連絡ください。

http://www.ilpleut.co.jp/publication/index.html
TEL:03-3476-5214 FAX:03-3476-3772

入れ、室温に 30 分〜 1 時間おき、少し硬めのポマード状
(→P180) にする。

(2) 粉糖と塩は合わせ、冷蔵庫で冷やしておく。薄力粉とベーキングパウダーは合わせてふるい、冷蔵庫で冷やしておく。

4
ラム酒を3回に分け加え混ぜる。

5
薄力粉を2回に分けて加え、切るように混ぜる。粉が見えなくなったカードに持ち替え、下から上に返しすりつぶすようにして25回ほど混ぜる。

6
軽く打ち粉をふったバットの上に長方形にのせて、ビニール袋に包み、50℃以下で15時間休ませる。

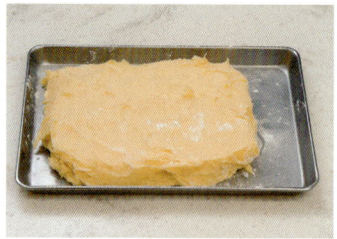

🧊 冷蔵庫で一晩休ませる

2 Le deuxième jour

7
オーブンは予熱しておく。
電子レンジオーブン　180℃　20分
ガス高速オーブン　　150℃　10分

8
打ち粉をふったのし台の上に **6** をおき、パートゥの裏表をめん棒で叩いてから厚さ1.2cm、横22cm×縦18cmにのす。

9
直径6cmの抜き型で10枚抜く。表面に塗り卵を塗り、冷蔵庫で1時間ほど休ませる。
◎残った2番生地は必ず一番生地にはさんで使用します（→P182参照）。二番生地だけでは歯触りの硬い、口溶けの悪い焼き上がりになってしまいます。

10
直径6.5cmのタルトリングの内側にポマード状バター（分量外）を塗り、ベーキングシートを敷いた天板の上におく。

11
中にシュークル・クリスタルを多めにふり入れ、（1枚につき約2g）その上に **8** をおき、もう1度塗り卵を塗る。
◎たっぷりの大粒の砂糖を敷くと、本当に楽しい歯触りになり、全体の

12
フォークで模様の筋をつけ、オーブンに入れる。

🔥 **焼き時間**

電子レンジオーブン
　　　　　160℃　55分～1時間
ガス高速オーブン
　　　　　140℃　55分～1時間

食べごろ	焼いた当日から3～4日間。
賞味期限	約1週間。
保存方法	常温。

マドゥレンヌ
Madeleine

これはガトー・ウイークエンドゥと同じ生地です。
このマドゥレンヌを知ってしまうと、もう他のものは食べる気にはなれません。
心の奥深くにしみ入るおいしさです。
1週間ほど経ってもしっとりとした味わいを保ちます。

お菓子の作り方のポイント
これを貝の型で焼くと、他にはない印象的な深い味わいのマドゥレンヌが出来上がります。

材料
マドレーヌ型 8個分

61g	全卵
39g	グラニュー糖
39g	上白糖
1/2個分	レモンの皮のすりおろし*1
33g	サワークリーム
17g	強力粉
17g	薄力粉
3.3g	ベーキングパウダー
22g	溶かしバター（35℃）
6g	ラム酒（ダーク・ラム）

*1　皮の黄色い部分だけをすりおろして使います。

型について
マドゥレンヌはとても砂糖の多いパートゥです。テフロン加工の型を使う場合はバターを塗るだけで打ち粉はふりません。

食べごろ	焼いた当日から2日間。
賞味期限	約1週間。
保存方法	常温。

下準備

（1）強力粉、薄力粉、ベーキングパウダーを合わせてふるい、冷蔵庫で冷やしておく。

（2）全卵、グラニュー糖、上白糖、レモンの皮のすりおろし、サワークリームを冷蔵庫で10℃に冷やしておく。

（3）型にポマード状にしたバターをまんべんなく厚めに塗り、冷蔵庫で冷やし固める。打ち粉を型にふり入れる。型を逆さまにして1回軽く叩き、余分な粉を落とす。

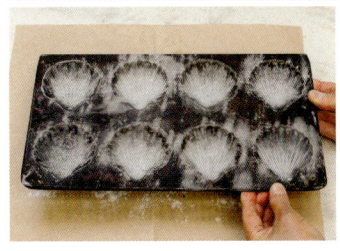

（4）オーブンを予熱しておく。
電子レンジオーブン　220℃　20分
ガス高速オーブン　　190℃　10分

作り方

1
ボウルに全卵を入れ、ホイッパーで軽くほぐす。グラニュー糖、上白糖、レモンの皮のすりおろしを加え、あまり泡立てないよう、10秒間に15回の速さで60回ほど、約40秒間混ぜる。【直線反復】

2
サワークリームをホイッパーでよく混ぜ、なめらかにする。これに1を1/4量ほど加え、混ざりやすいように柔らかくする。

3
2を1のボウルに戻し、1と同じ速さで30回、約20秒間混ぜる。

4
粉類を加え、ホイッパーでゆっくりと混ぜる。【円】
大体粉が見えなくなってから、さらに10回ほど混ぜる。

5
溶かしバター（約35℃）を一人が太めの紐状になるくらいの速さで流し込んでいき、もう一人がホイッパーで底をこすり上げるように、10秒間に15回の速さで手速く混ぜ込んでいく。【すくいあげ】
バターを入れ終わったら、あと10回ほどでやめる。

6
ラム酒を一度に入れ、ほぼ混ざったところで、さらに10回混ぜる。型に流す。

🔥 焼き時間

電子レンジオーブン
　　　　　　200℃　13〜15分
ガス高速オーブン
　　　　　　180℃　12〜13分

7
オーブンから出したらすぐに、型をトンと叩いて、型から出す。ケーキクーラーにのせて冷ます。

天才の味わい
ガトー・ウイークエンドゥ
Gâteau Week-end

辛さばかりの思春期の前にポッと沸き立った性への思いでした。
あんなにも懐かしく性の香りは立ち昇り、あんなにも透明に性の香りは私の心と身体をめでて回り、
切なくも麗しい私の思いはふくよかに流れ、流れ、流れ、存在への衝動は少しずつ熱を帯び、張り詰め、
音もなく張り詰め、白い意識の中にもれ出るかすかな叫びとともにはじけた。

私のこの身を刺すようなレモンの味わいに、こんなに切ない私の存在の真実からの思いが溢れています。

ガトー・ウイークエンドゥ
Gâteau Week-end

このガトー・ウイークエンドゥは私がお菓子の勉強をしたパリのパティスリー・ミエのものですが、
パートゥの作り方と出来上がった味わいは全く異なります。
これは全ての素材の温度を低くし、あえて目に見えない部分で素材同士の混ざり具合を浅くして焼き上げることによって、
それぞれの素材の味わいがより強く混ざり合った印象的な味わいになります。
このお菓子のイメージが出来てから作り出されるまで、10年以上の執念が必要でした。

お菓子の作り方のポイント

パートゥの作り方で特に注意すべきことは、全ての素材の温度を10℃にすること。決して混ぜすぎないことが大事です。記されている回数を守ってください。私たちの混ぜる常識ではどうしても混ぜ方が少ないと不安になり、よく混ぜようとしてしまいます。しかしよく混ぜると小さな卵がギッシリ詰まったような焼き上がりにはならず、粉の多い、何の変哲もない、モソモソした味わいになってしまいます。

また、このお菓子は真ん中の大きな割れ目に「week-end」という名前の意味があります。このお菓子を週末の食事の後に出して、「Darling, remember my pussy and love me tender tonight」という熱い呼びかけを表しているからだそうです。割れ目が出来る仕組みをよく理解してください。

材料
上口 18cm × 7cm、底 17cm × 16.5cm、高さ 5cm のパウンド型 1 台分

108g	全卵
139g	グラニュー糖
1.6 個分	レモンの皮のすりおろし
60g	サワークリーム
3.4g	ベーキングパウダー
29g	薄力粉
29g	強力粉
40g	溶かしバター（35℃）
14g	ラム酒（ダーク・ラム）

仕上げ

適量	コンフィチュール・ダブリコ（→ P25）

グラス・オ・シトゥロン

11g	水
11g	レモン汁
90g	粉糖

下準備

(1) P127「マドゥレンヌ」下準備（1）〜（2）と同様にする。

(2) 型に紙を敷く。

(3) オーブンを予熱しておく。
電子レンジオーブン　270℃　20 分
ガス高速オーブン　　240℃　10 分

作り方

1
P128「マドゥレンヌ」作り方 1 〜 6 と同様にし、型に流し入れる。

🔥 焼き時間

電子レンジオーブン
　　　260℃　6分 → 180℃　24分

6分 ── 中央に深く焼き色がついたらオーブンから出し、水で濡らしたプティクトーで真ん中に5cmほど切り込みを入れます。

180℃
30分 ── 温度を下げ、割れ目にも十分焼き色がつくまで焼きます。

ガス高速オーブン
　　　230℃　7分 → 170℃　23分

7分 ── 中央に深く焼き色がついたらオーブンから出し、水で濡らしたプティクトーで真ん中に5cmほど切り込みを入れます。

170℃
23分 ── 温度を下げ、割れ目にも十分焼き色がつくまで焼きます。

◎割れ目をうまく作るためには、まず表面と横の部分だけを強火で固め、その後で下の生地を膨張させて表面の生地を突き破るようにします。うまくいかない場合、原因としては、以下の2つが考えられます。

①**全体に平らに浮いて焼き上がった場合**
オーブンの温度が低すぎると、表面と横が固まらず、生地は全体が均一に浮き上がります。

②**真ん中が割れずに一方の端の方だけが浮き上がる場合**
あまり火が強すぎると、表面だけが先に固まり、側面が十分に固まっていないため、硬くなった天井を引っ張っていることができず、側面の片側だけが外れて、表面が斜めになります

◎このようなパウンド型のお菓子は、中央に出来た割れ目の底から上がってきた部分にごく薄い焼き色がつけば、大体焼き上がっている状態です。

2
20分ほど経って粗熱がとれ、大体冷めたら紙をはがす。

グラス・オ・シトゥロンを作る。

3
材料をすべて合わせて混ぜる。
◎かなりサラッとしたグラスで、薄めにかかります。

仕上げ

4
底以外の全体に煮詰めたばかりの熱いコンフィチュール・ダブリコを刷毛で厚めに塗り、ケーキクーラーの上にしばらく放置する。
◎厚めに塗るとパートゥの味わいにコントラストが生まれます。

5
コンフィチュールが指につかなくなったら、底以外の全体にグラス・オ・シトゥロンを刷毛で薄く塗り、ケーキクーラーの上において余分なグラスを落す。

6
オーブンに入れて表面を乾燥させる。
電子レンジオーブン
　　　　　250℃　2〜3分
ガス高速オーブン
　　　　　230℃　40秒〜1分

食べごろ	2〜3日。
賞味期限	1週間。
食べごろの温度	15〜25℃前後。
保存方法	常温。

Gâteau Week-end | 131

フール・ポッシュ
Les fours poches

松の実／アーモンド／オレンジ
pignon ／ amande ／ orange

スペインの大地の熱き恵みに、私の全ての感覚が力をもって湧き上がる。
血の熱さをたたえしは空に広がる存在への意志と太陽への狂おしい憧れ。
意固地なる思いを宿す松の実は心に彷徨う過ぎし生への後悔、そして遠き命への思い。
土の力を満々とたたえしアマンドゥは悲しき人の心への、神の息吹と優しき語りかけ。
レリダ（注）の荒涼とした光景は今も神の意志の下るところ。

注）スペイン、カタルーニャ地方レリダ。アーモンドとオリーブの産地。雨が少なく荒涼とした面影があります。

オレンジのフール・ポッシュ
Four poche orange

豊かなアーモンドに包まれたオレンジが、ちょっとけだるく、暖かく、とても心地よさそうな味わいです。スペインにはフール・ポッシュのようにアーモンドを使った様々なお菓子 masapan があります。どこで買ってもどこで食べてもとにかくおいしい。スペインを旅すれば、帰り、私のバゲージ（荷物）の中にはほぼ自分のためのお土産でいっぱいになってしまいます。「あ、またこんなに買ってしまった」が決まり文句です。

お菓子の作り方のポイント

フール・ポッシュも作り方はとてもシンプルです。特に難しいところはありません。もちろん、一番大事なものは味わい豊かなアーモンドで作ったローマジパンです。アーモンドがおいしいほど、おいしい出来上がりになります。そしてこれに添えるアーモンド、松の実、蜂蜜もとびきりのものを使います。小さな一口大のパートゥの中に、いろんな味わい豊かな素材を重ね合わせて、印象的な、心に浸みこむ味わいを作り上げます。

材料
約 25 個分

200g	ローマジパン*1
66g	粉糖
25g	蜂蜜（プロヴァンス）
13g	コンフィチュール・ダブリコ（→ P25）
22g	卵白
適量	オレンジピール
適宜	30°ボーメシロップ（→ P24）

*1 イル・ブルー・シュル・ラ・セーヌ直輸入のマジパンローマッセは、アリクサ社の一粒一粒に含まれる豊かな栄養素が濃密に含まれたアーモンドから作られています。

下準備

（1）オレンジピールは 8mm のひし形に 25 枚切る。

作り方

1 Le premier jour

1 ボウルに粉糖、ローマジパンを入れ、粉糖が見えなくなり、均一になるまで手でよくこねる。

2 蜂蜜を一度に加え、木べらでよく混ぜる。
◎硬い時は手で混ぜていきます。

3 コンフィチュール・ダブリコを加え、木べらで混ぜる。卵白を半量加えて混ぜ、滑らかになって粘りが出てきたら、残り半分も加えて混ぜる。
◎卵白を加える時は、滑らかになって粘りが出てから次を加えていきます。

4 ベーキングシートに10mmの星口金で円を描くように絞り出し、オレンジピールをのせる。

🌙 **一晩乾燥させる**
◎ビニール袋などには入れません。

2 Le deuxième jour

オーブンは**予熱**しておく。
（天板予熱あり）
電子レンジオーブン　280℃　20分
ガス高速オーブン　　260℃　10分

5 一晩おいて乾燥させ、パートゥが白っぽくなったら、予熱した天板にベーキングシートごと移して焼く。

🔥 **焼き時間**
電子レンジオーブン　260℃　2分
ガス高速オーブン　　250℃　2分
◎絞りの表面だけに濃いめの焼き色をつけ、底はキツネ色がつくように。

7 焼き上がったら、熱いうちに30°ボーメシロップを刷毛で塗る。
◎2日以内に食べる場合は塗らなくても構いません。

食べごろ	3〜4日目くらい。
賞味期限	約1週間。
保存方法	常温。

アーモンドのフール・ポッシュ
Four poche amande

アーモンドの豊かで素朴な味わいが訥々と心に伝わります。
私の心の中のexotique（エグゾティック）な世界への憧れと日常の安らぎそのものの味わい。
何故か私には2つの思いが混ざり合うのです。
でも私の心の中にこんな茫洋とした感情はフランスへ発ち、
そしてこのアーモンドを食べるまでは存在しなかったことは明らかです。
人間を育てる風土の中核をなすものは、その土地土地の産物であり、産物が身体と心の大きな部分を培うのです。

お菓子の作り方のポイント
作り方のポイントはP00「オレンジのフール・ポッシュ」と同様です。

材料
約25個分

200g	ローマジパン
53g	粉糖
25g	蜂蜜（プロヴァンス）
13g	コンフィテュール・ダブリコ（→ P25）
22g	卵白
28g	プラリネ・ノワゼットゥ（粗挽き）
25個	アーモンドホウル（皮むき）
適宜	30°ボーメシロップ（→ P24）

下準備
(1) アーモンドホウルは180℃のオーブンで焼き色をつけておく。

作り方
1
P134「オレンジのフール・ポッシュ」と同様にする。
◎作り方3でコンフィテュール・ダブリコを加えた後に、プラリネ・ノワゼットゥを加え、卵白を2回に分けて加え混ぜます。
◎プラリネ・ノワゼットゥに砂糖が入っているため、粉糖の量を少し減らしています。
◎オレンジピールの代わりにアーモンドをのせます。

松の実のフール・ポッシュ
Four poche pignon

松の実の淡くぐもった味わいに私の心は非日常を感じます。
すこぶる機嫌のよい時は、これも1つ口に入れると抑揚が乏しくなってきたいつもの日々が何かちょっと心地よく、一瞬止まるのです。
機嫌の悪い時はどうにも手が伸びません何か無理やり捻じ曲げられた心を飲み込むような気分になるのです。

お菓子の作り方のポイント
作り方のポイントはP134「オレンジのフール・ポッシュ」と同様です。

材料
約25個分

200g	ローマジパン
66g	粉糖
25g	蜂蜜（プロヴァンス）
13g	コンフィチュール・ダブリコ（→ P25）
22g	卵白
45g	松の実のペースト（→ P44）
適量	松の実
適宜	30°ボーメシロップ（→ P24）

作り方

P134「オレンジのフール・ポッシュ」と同様にする。
◎作り方3でコンフィチュール・ダブリコを加えた後に松の実のペーストを加えます。
◎オレンジピールの代わりに松の実をのせます。

下準備
(1) 松の実は180℃のオーブンで焼き色をつけておく。

弓田亨コラム
〜5〜

肥沃なヨーロッパの大地の恵みがはぐくんだドライフルーツで、日本の素材にかけているものを補う

　フランス菓子ではフレッシュのフルーツと共にドライフルーツも様々のお菓子に使います。勿論、日本には他にも様々の国から多くのドライフルーツが輸入されています。

　特に日本の生クリーム、卵、小麦粉などはとても味わいが希薄なので、より多くの部分を外国産の産物に頼らざるをえません。

　しかしなかなか私の舌が満足するものはありません。材料に豊かな味わいがなければ、お菓子を作り上げるための技術も過度に複雑になってしまいます。

　私共が扱うドライフルーツも、一つずつ、私の感覚が満足するものを長い時間をかけて選び、集めてきたものです。

　私の舌が選んだものはお菓子の素材としてのみならず、子どもたちのおやつや、デザートにしても本当においしく、食べる人の細胞に元気を与える幅の広い栄養素を含んでいます。

　トルコ産の干しブドウは噛めば噛むほど味わい深く、お菓子はもちろんのことサラダや料理の付け合わせにも使えますし、同じくトルコ産のイチジクも肉厚で舌全体に豊かな味わいが広がる、身体が安心する旨さがぎっしりと詰まっています。

ドライプルーン（種なし）

　スーパーなどで見かけるアメリカ産のものではあまりにまずすぎてお菓子の味わいが成り立ちません。このプルーンはフランスのプルーンの本場、フランス南西部に位置するアキテーヌ地方アジャン産のものです。

　豊かなこの地で育ったプルーンは、口の中で途切れることのない力強さを持った豊かな素晴らしい味わいです。私はこのプルーンでジャムを作ったり、パウンドケーキを作ったり、ムースも作ります。味わいが切れ目がなくとても濃密なので、私が期待するお菓子の中の役割を確実にになってくれ、味わいの組み立てもそれほど苦労することなく作り上げることが出来ます。

　お菓子にはもちろん、そのまま食べても料理にもプルーン本来の力に満ちた味わいを得ることが出来ます。本当に旨くて頼りになるプルーンです。

ドライポワール

　私共イル・プルー・シュル・ラ・セーヌのクリスマスの定番のお菓子、アルザス地方のクリスマス菓子のベラベッカには、旨いドライ・ポワールが欠かせません。これも何か所から取り寄せ、ようやく探し当てたものです。果肉の中に豊かすぎるほどの成分が含まれていて、オ・ドゥ・ヴィに漬け込むと得も言われぬ五感を包みこむ深い味わいを発揮します。見た目はとても悪いのですが、口に一度入ると、初めての人には想像も出来なかった正に五感に覆いかぶさる力に満ちた味わいです。

　パウンドケーキなどにもお薦めです。

サルタナ・レーズン

　アメリカ産のドライレーズンは単純な甘さだけで味わいが成り立ちません。しかし、このサルタナ・レーズンは2、3粒口に入れてじっくり噛んでみると、表現できない付きることのない味わいが小さなブドウの中からわき出てきます。既に私の身体の細胞が待っている安心感に満ちた味わいなんです。こんな味わいを持った干しブドウならお菓子もおいしくなるに決まっています。

　何と言っても一番使うのはラム酒漬けのレーズンです。パウンドケーキ、タルト、アイスクリーム。様々のものに使います。勿論、どれをとっても私共イル・プルー・シュル・ラ・セーヌのおいしさを抜くものは他の店にはありません。この干しブドウもどこにもないおいしさの大事な支柱の一つなのです。

ガトー・バスク・オ・ショコラ
Gâteau basque au chocolat

在るものとして、人間としての、限りなき苦悩。身をよじる葛藤。
決してまばたきすることもなく、視線をそらすことなく、それらと手を携えることを自らの務めと考える光りなき世界への憧れ。
その中に在る時に最も己が存在を感じるすさまじき心への憧れ。
生き続けることは私の存在の中に可能な限りの苦しみ、悲しみのみを集め、私と苦しみが無二のものとなることに憧れる心。

ガトー・バスク
Gâteau basque

朗らかな広い心への憧れ。茫洋。心は波のうねりに舞い、天空の風のうねりに身を任せ、さえぎるものとてなく、
私の視線は世界の全てに届き、思いは世界の全てを包みつくし、
生き続けることはこんな自分にやがて巡り合いたいと願う心。

ガトー・バスク
Gâteau basque

お菓子作りの意味と根源的幸せを与えてくれるお菓子です。
以前はほぼ不可能と思われていたスペインからの本格的な輸入を初めに可能にしたのは私です。
筆舌に尽くしがたい大変さがありました。
そして私がずっと追い求め続けてきた私なりのフランス的な味わいの実現には欠かせない素材でした。
私が存在しなかったら、この日本には存在しなかったガトー・バスクなのです。私の人生の大きな誇りです。
以前フランスのバイヨンヌで食べた味の記憶を元に、忠実に、しかしさらに味わい深くなるよう作り直しました。
このお菓子は私にとてつもなく大きな心のうねりを与えるのです。

お菓子の作り方のポイント

作り方はとてもシンプルです。シンプルなものはとりわけ素材が一番大事です。心と身体の感覚を埋め尽くすスペイン、カタルーニャ地方レリダのアーモンドなくして、私が思うガトー・バスクを作ることは出来ません。バターにはより味わい豊かな発酵バターを使います。手を抜かず、示した作り方に忠実に従ってください。真摯なお菓子への思いだけが、このお菓子の感動を作り上げます。

材料
直径18cm、高さ4cmのセルクル　1台分

パートゥ・シュクレ
約2台分／1台 420g使用
（上部分・190g　底部分・230g）

250g	バター
125g	粉糖
50g	全卵
10滴	バニラエッセンス
125g	アーモンドパウダー
125g	強力粉
125g	薄力粉
3.8g	ベーキングパウダー
125g	シュークル・クリスタル

クレーム・フランジパーヌ

235g	クレーム・パティシィエール（→P194）
78g	クレーム・ダマンドゥ（→P200）
2.8g	ラム酒（ダーク・ラム）
適量	塗り卵（→P24）

下準備

(1) P180「パートゥ・シュクレ」下準備と同様にする。

作り方

1 Le premier jour
パートゥ・シュクレを作る

1
P180「パートゥ・シュクレ」作り方と同様にする。ただしここでは2回目の粉が8割混ざったら、シュークル・クリスタルを一度に加え、すりつぶすように混ぜる。

◎早く加えるとシュークル・クリスタルは卵の水分を吸って溶けてしまいます。2回目の粉に水分を十分に吸収させてから加えると、溶けてパートゥに混ざり込んでしまうことがありません。

2
420g取り分け、ビニール袋に入れる。

🕐 冷蔵庫で一晩休ませる

2 Le deuxième jour

3
翌日、一晩休ませた**2**のパートゥを190gと230gに分け、P188「パートゥののし方とフォンセの仕方」と同様にし、それぞれ厚さ5mmの円形にのす。

4
190gのパートゥは、直径18cmのセルクルで抜く。これを上部用にする。

5
230gのパートゥは直径21cmのボローバンをあててプティクトーで切り取る。

6
ポマード状のバターを厚めに塗ったセルクルに、**5**のパートゥを敷き込む。

7
指で押さえ込みながら形を整え、冷蔵庫で冷やしておく。

◎パートゥの縁はそこのパートゥから2cmほど高くなります。

クレーム・フランジパーヌを作る

8
20℃に冷めたクレーム・パティスィエールを混ざりやすい柔らかさになるまで木べらで練る。

9
8にクレーム・ダマンドゥを2回に分けて加え、よく混ぜる。最後にラム酒を加える。【平行だ円】

140 | Gâteau basque

組み立て

10
オーブンは予熱しておく。
（天板予熱あり）
電子レンジオーブン　190℃　20分
ガス高速オーブン　　170℃　10分

11
冷蔵庫からセルクルを取り出し、クレーム・フランジパーヌを入れて、表面を平らにならす。

12
パートゥの縁に塗り卵を塗り、上部用のパートゥをはめ、合わせ目をしっかり押さえる。

13
塗り卵を2回塗る。フォークで周囲と真ん中に円の模様をつけ、竹串で蒸気抜きのための穴を5ヵ所あける。20℃以下のところに10分ほどおいて常温に戻し、オーブンに入れる。
◎家庭用オーブンの場合はベーキングシートの上で組み立て、常温まで戻して、予熱した天板に移してオーブンに入れます。

🔥 焼き時間

電子レンジオーブン　170℃　45分
ガス高速オーブン　　160℃　45分

◎柔らかい質感を残したままにするために、薄いキツネ色程度の焼き色にし、深く焼かないようにします。焼きすぎると、パートゥがパサパサになるので注意してください
◎焼き上がりは、模様の間にも薄いキツネ色がつきますが、触った時にパートゥの真ん中はかなり柔らかい感触の状態です。

食べごろ	2～3日くらい。
賞味期限	約3日間。
保存方法	常温。

Gâteau basque

ガトー・バスク・ショコラ
Gâteau basque au chocolat

漆黒の暗にさえも流れる存在の鼓動。その鼓動と私の感覚が共鳴するような味わい。
間違いなく私はこのような思いを、このショコラのガトー・バスクに託したのです。

お菓子の作り方のポイント

試作の初めではクレーム・パティシィエールにもチョコレートを加えましたが、全てがチョコレートに埋れ、アーモンドの暖かい味わいも消えてしまいました。パートゥ・シュクレもアーモンドの暖かさを失わないほどにチョコレートを加え、元々のガトー・バスクの味わいがチョコレートでさらに味わいの印象を深めるように作り上げました。このお菓子の一番のポイントは焼き方です。下からの熱が一気にパートゥに加わるように焼き上げます。

材料
直径 18cm、高さ 4cm　セルクル 1 台分

パートゥ・シュクレ
約 2 台分／1 台 420g 使用
（上部分：190 g／底部分：230 g）

250g	バター
125g	粉糖
50g	全卵
10 滴	バニラエッセンス
30g	セミスイートチョコレート（ペルー）*1
125g	アーモンドパウダー
80g	強力粉
125g	薄力粉
20g	ココア
3.8g	ベーキングパウダー
125g	シュークル・クリスタル

クレーム・フランジパーヌ

235g	クレーム・パティシィエール（→ P194）
78g	クレーム・ダマンドゥ（→ P200）
2.8g	ラム酒（ダーク・ラム）

ガナッシュ（出来上がりから 40 g 使用）

34g	サワークリーム
47g	セミスイートチョコレート（ペルー）*1

適量	塗り卵（→ P20）

*1　ペルー産のチョコレートを使った、ベック社のクーヴェルチュール・セミスイートチョコレートを使用。カカオ分 70%。

下準備

（1）P180「パートゥ・シュクレ」下準備と同様にする。ただし、粉を合わせる時に、ココアも一緒に合わせてふるう。

（2）チョコレートは細かく刻み、50℃の湯煎で溶かし、30℃以下に調整しておく。

（3）21cm ボウルを冷蔵庫で冷やしておく。

食べごろ	2 日目くらい。
賞味期限	約 3 日間
保存方法	常温

作り方

1 Le premier jour

パートゥ・シュクレを作る

1
P139「ガトー・バスク」作り方 1 と同様にする。粉糖と全卵を加えた後にチョコレートとバニラエッセンスを加え混ぜる。
◎アーモンドパウダーを加えた後、21cm ボウルに移し替え、粉類を加えます。

2 Le deuxième jour

2
オーブンは予熱しておく。
（天板予熱あり）
電子レンジオーブン　190℃　20 分
ガス高速オーブン　　170℃　10 分

3
「ガトー・バスク」作り方 2 ～ 7 と同様にする。

クレーム・フランジパーヌを作る

4
「ガトー・バスク」作り方 8 と同様にする。

ガナッシュを作る

5
P43「チョコレートのダックワーズ」作り方 4 と同様にする。

組み立て

6
冷蔵庫からセルクルを取り出し、クレーム・フランジパーヌの半量をのせて表面を平らにならす。

7
平口金をつけた絞り袋に柔らかめにしておいたガナッシュを入れ、ごく薄く絞り、軽くならす。

8
残りのクレーム・フランジパーヌを 2 の上にのせて平らにならす。

9
「ガトー・バスク」作り方 10 ～ 12 と同様にする。
◎家庭用オーブンの場合はベーキングシートの上で組み立て、常温まで戻して、予熱した天板に移してオーブンに入れます。

🔥 焼き時間

電子レンジオーブン　170℃　40 分
ガス高速オーブン　　160℃　40 分

◎焼き始めは、下からの熱が弱く、パートゥが固まるのが遅いと、重みでバターがもれ出るので、下火は 200℃で十分に熱くしておきます。
◎柔らかい質感を残したままにするために、冷めた時にパートゥの中央が周りよりも沈んでいるくらいが良いです。触った時にパートゥの中央はかなり柔らかいじっとりとした感触の状態で出します。
◎深く焼かないようにします。焼きすぎると、パートゥがパサパサになるので注意してください。

Gâteau basque au chocolat | 143

アンガディーネ
Engadiné

でもやがて見せかけの存在が確かになり、意識にけだるさを持った安寧が訪れると、
もう一人の私は突然、あらん限りの憎悪をもって、血しぶきがほとばしり出るほどに目をつり上げ、
安寧の今を壊しつくすのです。
全てがあり、全てがたゆたい、私は永久のまどろみに身を任せていると感じた刹那、
束の間の安寧はすっと私からすり抜け、身を隠すのです。

私に存在の自信を与える暖かい力の凝縮したアンガディーネの味わい。

アンガディーネ
Engadiné

ホントに豊かな味わいのヌガーのお菓子です。
店を開店してから25年が過ぎましたが、その間、何度もこのお菓子を食べてきました。
いつ食べても心と身体にしみ込む、安心感に満ちたおいしさがあります。
そして何とも言えない満足感。送る人の顔が鮮やかに浮かんでくるようです。店でも定番の進物のお菓子です。

お菓子の作り方のポイント

このお菓子も作り方はシンプルです。パートゥ・アンガディーネは、作り方はかなり違いますが基本的な考え方はパートゥ・シュクレと同じです。バターを出来るだけ溶かさないようにしながら他のものを加えていくことが大事です。またヌガーに加えるくるみとパートゥに加えるアーモンドによって、味わいは大きく異なります。そしてヌガーの煮詰め具合です。ヌガーの硬さとキャラメル色の濃淡に注意してヌガーを作ります。

材料
直径18cmのフラン・キャヌレ型　1台分

パートゥ・アンガディーネ
1台約400g使用
（上部分・150g　底部分・250g）

126g	ローマジパン
168g	バター
42g	粉糖
252g	薄力粉

ヌガー
直径16cmのタルトリング1台分

203g	グラニュー糖
72g	生クリーム（乳脂肪分42%）
60g	サワークリーム
2g	レモン汁
165g	くるみ
適量	塗り卵（→P24）

下準備

（1）バターを厚さ1cmほどに切って18cmボウルに広げて入れ、室温に30分〜1時間おき、少し硬めのポマード状（→P180）にする。

（2）空焼き用に型の内側に敷く紙を用意する。刷毛でポマード状バター（分量外）を薄く塗っておく。

（3）のし台やめん棒は冷凍庫に入れておく。また保冷のためにのし台の下に敷くタオルも水で濡らして絞り、冷凍庫で板状に凍らせておく。

Engadiné | 145

作り方

パートゥ・アンガディーネを作る

1 ローマジパンを手でほぐし、硬めのポマード状にしたバター1/5量を手で練るように混ぜ込む。混ざったらまた1/5を手で混ぜ混む。

2 木べらに持ち替え、残りのバターの1/3量を、すりつぶすように混ぜる。

3 混ざったらさらに40回混ぜ、次のバター1/3量を加え、同様にすりつぶして混ぜる。バターが大体見えなくなったら、ボウルの内側をゴムべらで払い、さらに同様に40回混ぜる。残りのバターを全部を加えて同様に混ぜ、バターが見えなくなったら40回混ぜる。

4 粉糖を2回に分けて加え混ぜる。
◎混ぜ方はP180「パートゥ・シュクレ」作り方1と同様です。

5 パートゥは底用と上用に分けておく。パートゥは角をのし台の上におき、めん棒で叩いてある程度パートゥにのびる力が出てきたら、厚さ4mmに丸くのす。
◎詳しいのし方はP188を参照。
◎水分が入らず、パートゥをつなぐグルテンが少ししか出ないので、のす時にパートゥが温まると極端に切れやすくなるので、冷えた所でのしてください。

6 上用はフラン・キャヌレ型を使って型抜きをする。

7 底用はポマード状のバター（分量外）を薄めに塗った型に敷き込む。まずは軽くたるませて型にのせる。

8 型の底角にパートゥを少し押し込むようにして、パートゥを側面に合わせて立てる。親指で力を入れずに側面に貼りつけ、余分なパートゥをプティクトーで切り落とす。

9 冷蔵庫で1時間以上休ませる。

食べごろ	焼いてから1週間。
賞味期限	約10日間。
保存方法	常温。

ヌガーを作る

10
銅ボウルにグラニュー糖の1/3量入れ、弱火にかける。木べらを使って弱火でよく混ぜながら溶かす。

11
完全に溶けて透明になったら、残りのグラニュー糖を5回に分けて加え、同様によく混ぜながら溶かす。
◎再び透明になったら次の1/5を加え溶かす作業を繰り返します。

12
グラニュー糖が全部入って溶けた後もそのまま混ぜて煮詰めていく。

13
この間に生クリームとサワークリームを小鍋で、温めておく。

14
12を煮詰めていくとだんだん茶色のキャラメル色になってくる。小さな泡が出始めて、フワッと中心まで盛り上がってきたらすぐに火を止め、温めておいた13をホイッパーで混ぜながら加える。

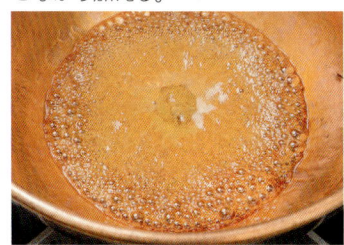

15
レモン汁、くるみを加え、また木べらに持ち替えて強めの中火でボウルの底を返すように全体を混ぜながら、114℃になるまで2分間煮詰める。

16
手早くステンレスボウルに移し、氷水に5秒ほどつけ、固くなったら底を木べらで混ぜる。これを3回繰り返し粗熱をとる。
◎ヌガーの色合いとしては深いキャラメル色です。味わいは苦みと甘みがどちらも十分に感じられるほどです。色が濃すぎると苦みだけになります。ヌガーの硬さは常温（20℃）でセルクルから外した丸いヌガーが少し反るくらいです。全く曲がらないカチンカチンの状態は硬すぎて歯にまとまりつきます。また柔らかすぎるとナイフで切り分けにくく、味わいも頼りないものになります。初めは火の強弱やガス台の種類によってよい煮詰め具合にはならないかもしれませんが、何度か作り、おいしいヌガーの練り具合を見つけてください。

17
直径16cmのタルトリングにポマード状のバター（分量外）を塗り、ベーキングシートの上におく。8のヌガーを流す。

組み立て・焼成

18
オーブンは予熱しておく。
（空焼き用・天板予熱あり）。
電子レンジオーブン　230℃　20分
ガス高速オーブン　　200℃　10分

Engadiné | 147

19
パートゥ・アンガディーネの空焼きをする。パートゥの上に紙を敷き、その上に熱したタルトストーンを型いっぱいに入れ、オーブンで空焼きする。

🔥 **焼き時間**
電子レンジオーブン
　　　　　　　210℃　約15分
ガス高速オーブン
　　　　　　　190℃　約15分
◎ 12〜13分ほどで縁の方は、キツネ色に色づくが、底の方は白く固まったところで重石を取ります。1分ほどオーブンで乾かします。
◎ 底はしっかり硬くなっていれば、薄く焼き色がついて白っぽい状態で大丈夫です。ここで底まで色をつけてしまうと、蓋をしてもう一度オーブンに入れるためパートゥに火が入りすぎてしまうからです。

20
オーブンは予熱しておく。
（天板予熱あり）
電子レンジオーブン　220℃　20分
ガスオーブン　　　　190℃　10分

21
空焼きが冷めたら、ヌガーを入れる。
◎ ここでヌガーが少したわむくらいであればちょうどよい煮詰め具合です。

22
パートゥの縁に塗り卵を塗る。上用のパートゥをおき、周りを軽く指で押さえる。

23
パートゥに塗り卵を薄く塗り、フォークできれいに模様をつける。

24
オーブンに入れて焼く。
◎ 生地の焼き過ぎを防ぐために、周りを囲む厚紙をおいて焼きます。

🔥 **焼き時間**
電子レンジオーブン　200℃　26分

7分	周りに薄く焼き色がつき始めます。
12分	周りに1cmくらいの薄いキツネ色がつきます。
15分	周りが3cmくらいまでキツネ色になります。
18分	周りは濃いめの焼き色がつきますが、まだ真ん中は淡い色合いです。
26分	真ん中にまでキツネ色がつき、周りには濃いめの焼き色がつきます。

ガス高速オーブン
　　　　　　　180℃　23〜25分

弓田亨コラム
6

私を比類なき味わいの領域に導いたもの。
正統のフランスの伝統の最後の巨人、ドゥニ・リュッフェル。

　私のパティスィエとしての人生は、私がかつて研修をしたフランス、パリ「ジャン・ミエ」店の現オーナーシェフであるドゥニ・リュッフェルなしでは語ることは出来ません。

　私は31歳で初めて1年ほどミエ店で研修をしました。彼はその時27歳でまだシェフになったばかりでした。私も23歳でこの道に入り、フランスに行くまでそれなりに頑張ってきたという自負はありました。しかしその当時、ドゥニ・リュッフェルはさして凄いというほどのパティスィエとしての力は持っていないと感じました。1年の研修の後帰国後、次第に自分の作るフランス菓子に疑問を持ち始め、5年後再びドゥニ・リュッフェルのもとで半年の研修をしました。そしてしばらくぶりのドゥニ・リュッフェルに、私は圧倒されました。さなぎが大きく美しい蝶に脱皮するが如く、彼は巨人と化していました。

　私は23歳から、彼は15歳からお菓子をミエ店で、そして料理をほぼ独学で学んでいました。2つ一緒の日々の仕事はお菓子だけの私よりも数倍大変であろうと思います。しかしこの2つがある程度の力を得た時に、彼は2つの大きな味の領域を手にし、美しく大きな蝶と化したのです。

　その頃、様々の新しいお菓子を次々に作り出していました。それがどれもこれもおいしい。心と身体に力強く浸み渡る味わいでした。彼は多くの手法を新しく作り上げました。例えばオレンジやパッション・フルーツ、ココナッツなどの複数のフルーツを1つの味わいに作り上げたり、1cm厚さに冷凍して固めた板状のババロアやムースを他のババロアやムースに挟み込むなどの手法です。そして料理の領域からお菓子の領域へ、様々なものをもたらしました。

　さつまいもをキャラメルとシナモンで煮たピューレをムースにしたり、サヴァイヨンソースの手法をムースに応用したりと、多くのものをエネルギッシュに創り上げていきました。

　何よりも彼との長い付き合いの中で、最も感動したことは、食の本質について教えられたことです。彼のお菓子や料理は何年経ってもとびきりのおいしさと光を失いません。

　多くの流行りのパティスィエやお菓子が一時の短い光を放ってまたたくまに消え去っていきます。私にはこれが不思議でなりませんでした。ある時彼との話の中で、彼が自らの食に対する考え方を述べてくれました。

　「自分にとって大事なものは、小さいころお母さんやお祖母さんが作ってくれた本当においしい料理、本当に幸せだった。そして自分は元気に育った。そしてそれを家族皆で食べることにより、深い絆が生まれた。私はこの思い出から離れて料理やお菓子を作ることには全く興味がない」

　私は鳥肌が立ちました。食べ物は心と身体の健康と幸せのためにあり、人と人とを強く結びつける。音を発する言語よりももっと基本的な言葉なのだと彼は言ったのです。彼の料理、お菓子の本質は時流やマスコミにすりよった奇異をてらったものはありません。そこに彼なりの鮮烈なイマジナスィオンを加えるのです。彼の食べる人の心と身体に感動を与える味わいはここから生まれているのです。

　さらに彼の作る1つのお菓子の中には「大西洋の波のうねりと、ピレネー山脈の風のざわめき」が感じられるのです。どうしても素材の表情を自分の意志の中に閉じ込めようとする日本人には到底不可能な味わいの領域でした。しかし彼は毎夏、日本での料理・お菓子の技術講習会で作る彼のオリジナルのお菓子や会話の中で、常に私を日本人にとって未知の味わいの領域に私を引っ張り、導き続けてくれたのでした。しかし毎夏彼に食べてもらおうと作ったお菓子は、彼のお菓子と比べれば実にちまちましたものだということを思い知らされ続けました。

　しかし彼は友情と自分の持つものを他の人と分かち合うという大きな心の元に、飽くことなく私を未知の世界へ誘い続けてくれました。そして数年前、ようやく歳と共に私の肩の力が抜けたのか、あるいは経験と技術が飽和点に達したのか、ようやくフランス菓子の本質である多重性と多様性、茫洋とした素材の思いを飛ばせ、遊ばせる味わいが出来たのでした。

　もちろん彼に食べてもらいました。彼は我が事以上にその「ヘーゼルナッツのロールケーキ」を食べ、喜んでくれました。

　彼は20歳から1日に4時間以上は寝たことがないと言います。仕事がその分出来ないから寝るのが嫌だったと言います。彼の師であるジャン・ミエ氏の周りに集まる、時代を凌駕した偉大なパティスィエ、キュイズィニエの薫陶を受け、彼のイマジナスィオンは広げられてきたのです。多くの名だたるパティスィエやキュイズィニエが彼はエクセプスィオネル（例外）だと言います。彼の真似は出来ないと言います。このようなドゥニ・リュッフェルが今の私を作り上げてくれたのです。彼なくしては私のフランス菓子の技術もイマジナスィオンもありえなかったのです。ドゥニ・リュッフェルとの出会い。私は自分の人生の大きな幸せを感じます。

ヌガー・ドゥ・モンテリマール
Nougat de Montélimar

ヌガー・ドゥ・モンテリマール／ピスターシュ／ショコラ
Nougat de Montélimar ／ pistache ／ chocolat

今の私の大きな部分は、名前だけの学生時代、限りなく多感な時に読んだリルケの「マルテの手記」や、
バルザック、モーパッサン、エドガー・アラン・ポーらの本によって作られていると思います。
人間としての存在の上に自己と対峙する習慣など微塵もなく、不可解な心の衝動を和らげる術など何も知らぬ若者の心と感性。
異国の偉大な思想は私の心臓に食い込み、それまでの私を跡かたもなく壊しつくしました。
あまりにも強すぎる蒼さを持った熱にいつも私は喘ぎました。長い喘ぎの後、気がつけば目の前の事物は形を失い、
私の心はすがることなど何もない心の深淵に下りゆきました。
自分の存在をすぐにでも押しつぶしそうな力が私を押しつぶし続けました。

でも偉大な思想が与えてくれた、未だ見ぬ異国への清冽な憧れは、ごくたまに訪れる安らぎでした。いつかはこの価値観に
触れてみたい。そんな思いが少しずつ芽を吹き始めたのです。

私はこのヌガー・ドゥ・モンテリマールを口にすると、うっすらとにじむ涙と共に、きっと私の心を解き放ってくれる世界がある
という思いに支えられた、あの時々の西洋への蒼い憧れと、
そして何故かいつも切ないほど心の中を占め続けた地中海へのイメージと重なるのです。

ヌガー・ドゥ・モンテリマール
Nougat de Montélimar

歯触りは優しく、とてもノーブルな味わいです。
香り高いナッツと滋味深いフランス・プロヴァンスの蜂蜜と卵白の歯触りが大きな慈愛に満ちた味わいを作り出します。
それにしても郷愁を誘う見た目のきれいさです。もうこれだけで私の心は蒼色に染まりそうです。

お菓子の作り方のポイント

このお菓子の一番のおいしさはナッツの香ばしさと豊かな味わいの中に清々しい味わい、香りが沸きたつところにあります。もちろん香り、味わい豊かなスペインのアーモンド、ヘーゼルナッツ、そして身体の芯まで滑り込んでいくフランス・プロヴァンスの蜂蜜なくしてこのおいしさは再現出来ません。

材料
18cm角、高さ4cmのキャドル　1台分

228.6g	グラニュー糖
73.3g	水
42g	水飴
2/3本	バニラ棒
183.3g	蜂蜜A（ラベンダー）
40g	卵白（新しいもの）
4g	乾燥卵白
6.6g	グラニュー糖
45.3g	カカオバター
22g	蜂蜜B（ラベンダー）
92g	アーモンドホウル（皮むき）
92g	ヘーゼルナッツホウル（皮むき）
92g	ピスターシュ（皮むき）
適量	ウエハース[*1]

*1　エピスリー代官山店にて取り扱っております。

下準備

(1) 卵白はボウルごと冷やしておく。

(2) ウエハースは底と上用に18cm角の正方形に切ったものを2枚、サイド用に18cm×2.6cmに切ったものを4枚用意する。キャドルの底とサイドにウエハースを敷いておく（夏季、湿度が高い時は乾燥材を入れておく）。

(3) アーモンドとヘーゼルナッツは180℃のオーブンでキツネ色に焼き、50℃くらいのオーブンで温めておく。ピスターシュも50℃ぐらいのオーブンで温めておく。

(4) カカオバターは50℃の湯煎で溶かし、40℃ほどに調整しておく。

(5) 蜂蜜Bも同様に湯煎で溶かし、40℃ほどに調整しておく。

作り方

1 鍋にグラニュー糖、水、水飴、縦に裂いたバニラ棒を入れて火にかける。スプーンでよく混ぜて、グラニュー糖を溶かす。

2 鍋の内側を水つけた刷毛で払い、煮詰めていく。

3 **2**が110℃になったら、蜂蜜Aを別の鍋で加熱しはじめる。

4 卵白に乾燥卵白、グラニュー糖を加え、ハンドミキサー（ビーター2本）の速度2番で1分→速度3番で2分30秒泡立てる。
◎ボウルの真ん中に卵白が盛り上がるようなしっかりした泡立ちになります。

5 **3**の蜂蜜が120℃になったら、**4**のムラングにハンドミキサーの速度3番で回しながら加える。1分ほどゆっくり回す。この間に**2**のシロップを140℃まで上げておく。

6 蜂蜜が全部入ったら、速度3番でゆっくり回しながら、**2**のシロップからバニラ棒だけをフォークで取り除き154℃まで煮詰める。すぐに**6**に太い紐状に流し込み、全部入ったら速度3番でさらに1分ゆっくり回す。

7 ガス台で5秒温め、おろして10秒回す。これを3回繰り返して全体の量が2/3ほどになりツヤが消えてきたら、指で少し取り氷水の中で冷やす。
◎この時、少し柔らかさがあるけれど、手でちぎってもあまりのびずに切れるくらいの硬さがよいです。もしのびるようであれば、もう少し回して熱を取ります。

8 カカオバターを3～4回に分けて加え、速度2番で回す。

9 最後に蜂蜜Bを加え、ボウルの内側をカードで払い、全体を均一に混ぜる。

10
ナッツ類をそれぞれ2回に分けて加え、木べらで混ぜる。

11
準備しておいたキャドルにヌガーを貼り付けるように敷き込む。

12
角にしっかり生地がいきわたるようにプティクトーでならす。
◎こうしないと隙間が出来てしまいます。

13
表面を平らにならし、もう1枚のウエハースをのせて裏返します。こうすることで隙間ができなくなります。

14
ビニール袋に包んで4～5時間、室温において固める。

15
キャドルから外し、出刃包丁で半分に切り、さらに1.5cm幅に切る。
◎切ったらすぐに湿気を吸わないよう、ラップをするか、セロファンなどで包みます。

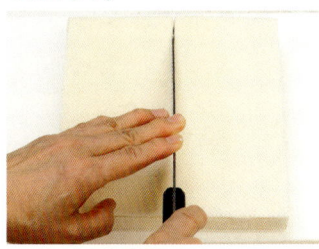

食べごろ	1日～1週間目くらい。
賞味期限	約2週間。
保存方法	常温（20℃以下）。

Nougat de Montélimar

ヌガー・ドゥ・モンテリマール・ピスターシュ
Nougat de Montélimar pistache

かつて訪れた地中海の島、マヨルカ島の浜辺の朝の早歩き。忘れがたい思い出です。
一口口にすると潮の匂いとは違う、「地中海の匂い」が蒼く鮮やかに心をかすめます。
ピスターシュの香り、味わいが負けないように、ここではヘーゼルナッツは加えません。
本当に爽やかなピスターシュに包まれた味わいが身体を流れてゆきます。

お菓子の作り方のポイント
P151「ヌガー・ドゥ・モンテリマール」と同様です。

材料
直径18cm角、高さ4cmのキャドル　1台分

248g	グラニュー糖
79g	水
45g	水飴
2/3本	バニラ棒
198g	蜂蜜（ラベンダー）
44g	卵白（新しいもの）
4.4g	乾燥卵白
10g	グラニュー糖
50g	カカオバター
48g	パートゥ・ドゥ・ピスターシュ
198g	アーモンドホウル（皮むき）
109g	ピスターシュ（皮むき）
適量	ウエハース

下準備
(1) P151「ヌガー・ドゥ・モンテリマール」下準備と同様にする。
◎ここではヘーゼルナッツは入りません。
◎カカオバターは湯煎で溶かし、40℃ほどに調整する。パートゥ・ドゥ・ピスターシュを溶いておきます。

作り方
1
P152「ヌガー・ドゥ・モンテリマール」作り方と同様にする。
◎作り方8でカカオバターにパートゥ・ドゥ・ピスターシュを混ぜておいたものを加えます。

ヌガー・ドゥ・モンテリマール・ショコラ
Nougat de Montélimar chocolat

素材の組み合わせの妙というのは本当に深くて、実際に作ってみないと全く予想も出来なかった表情が現れます。ショコラがこんな穏やかで静かな表情を見せるとは、このお菓子を食べるまで私には想像もつきませんでした。この変化は私にとっては正に不思議なことなのです。
アジアの人間にとっても exotique（エグゾティック）な思いを持ったお菓子です。

お菓子の作り方のポイント
P151「ヌガー・ドゥ・モンテリマール」と同様です。

材料
直径18cm角、高さ4cmのキャドル　1台分

225g	グラニュー糖
72g	水
42g	水飴
2/3本	バニラ棒
180g	蜂蜜 A（ラベンダー）
40g	卵白（新しいもの）
4g	乾燥卵白
7g	グラニュー糖
86g	パートゥ・ドゥ・カカオ（カカオマス100%）
16g	蜂蜜 B（ラベンダー）
90g	アーモンドホウル（皮むき）
90g	ヘーゼルナッツホウル（皮むき）
90g	ピスターシュ（皮むき）
適量	ウエハース

下準備
（1）P151「ヌガー・ドゥ・モンテリマール」下準備と同様にする。
◎パートゥ・ドゥ・カカオは湯煎で溶かし、40℃ほどに調整しておく。

作り方
1
P152「ヌガー・ドゥ・モンテリマール」作り方と同様にする。
◎作り方8でカカオバターの代わりにパートゥ・ドゥ・カカオを加えます。

パートゥ・ドゥ・フリュイ
Pâte de fruits

フランボワーズ framboise

コートゥ・ドールでのジョアネさんのフランボワーズとカシスとの出会いも私の存在を揺り動かしました。
私はそこで初めて神と人間の接点があることを感じたのです。
この二つの果物は神の意志そのものに思えました。カシスは人の罪への戒め、
己が罪深き姿を忘れぬようにと与えたのです。
フランボワーズは心が痛くなるほどに深い優しさに満ちた果汁。その一滴に神の愛を示したのです。

私の蒼い心が震えるアルスナン（注）の緑でした。

注）フランス、ブルゴーニュ地方コートゥ・ドールにある、ジョアネさんが住み、
カシス、フランボワーズを栽培し、リキュールを作る山間の小さな村の名前です。

カシス cassis

カシスは私にとって他の素材とは異なる特別な表情を持った果実なのです。
私の中には、私の酷さを侮蔑し、いつも視線をそらし続けている私がいます。
でもカシスは嘲笑の一瞥を与えるのでもなく、揶揄する言葉を投げつけることもなく、
無表情に私の酷さを私として受け入れてくれるのです。
まるで私の全てを透視しているような視線なのです。
パートゥを一口噛めば、小さな気恥ずかしさを感じながら私はカシスに自ら胸を広げるのです。

パスィオン passion

私にとってパッションフルーツはかつての私と今の私との境目に降り立った、
自己を初めて意識させた心震える天からの恵みの滴なのです。
未だ自分の殻から抜けきれぬ頃、初めてのフランスで知ったブラジル産の
パッションフルーツのババロアは、正しくそれまでの自分を超えたものとの遭遇でした。
豊かすぎる熱く熱を持って私をみじろぎさせる味わいが、いくつもの流れるような香りが重なり合い、
離れ、重なり、頭のてっぺんを越え意識のてっぺんに向かい立ち昇りました。
私は本当に信じられませんでした。正しく多重性多様性に溢れる世界への初めての予感であり、誘いでした。
私は今でもパッションフルーツの香りに思わず意識は笑みと共に姿勢を正すのです。

マンダリン mandarin

パッションフルーツと同じくフランスでのマンダリンヌ（みかん）との出会いは屈辱的でした。
みかんと言ってもそれまでの私の常識と日常を全く超えた味わいでした。
土の恵みを心行くまで吸い、
太陽の善意を一身に浴びた果汁は私の全ての感覚を熱くしっかりと揺り動かしました。
パッションフルーツによってつけられた多重性多様性への思いは、
より広い道筋となりました。それにしても日本のみかんへの思いはことごとく壊されました。
日本の偽りの食への予感を与えてくれたマンダリンヌでした。

バナーヌ banane

私の父は本当に口数の少ない人でした。でも多くの思い出は静かに笑みを浮かべている父なのです。
時には本当にブルッと震える顔で私をしかりました。
でも私は幼子ながら、彼の家族への深い思いはいつも強く理解することが出来ました。でも父は若くして逝きました。
その時の父の心の中はどんなだったのだろうと思うことがよくあります。
心の中にいつも静かな正義感を持ち、でもそれはつつましやかにしか表現出来ない心根の優しさでした。
全てとは言いませんが、バナナの暖かいゆったりした味わいが重なります。
バナナの味わいに父が私たちに与えた優しい思いと、それを与え続けられなかった無念を感じるのです。

マングー mangue

類稀な、私にはない男の暖かさと未知への思い、理知を兼ね備えたもの、マンゴーの味わい。
その香りは南の国への遥かなる思いを運び、口に含めばシルクの旅への憧れ、瀟洒な舌触り、涼しくも豊かな陽の滴満ちる、
私の全ての感覚を熱く覆い、命が持つ土の恵みへの思いを満たす。
残り香は真実を見極めようとする蒼き鋭敏なる意志。私の心に有ることの確信を与える。
何故だかよく分かりません。
でも確かにその深く流れる味わいは力強く、いつも自分を見つめ、戒めることを私に教えるのです。

Pâte de fruits | 157

パートゥ・ドゥ・フリュイ・フランボワーズ
Pâte de fruits framboise

お菓子の作り方のポイント

使う果汁はやはり香り、味わいのしっかりしたものでなければなりません。しかし個の果汁は砂糖と共に100℃以上でかなり長く熱せられるためにやはり細やかな味わい、香りは失われます。あとは最後に加えるリキュールやエッセンスでもう一度しっかりした香り、味わいを加えないと表情のボケた味わいになります。

作業は15分以内に、在る程度強火で煮詰めてください。煮詰め時間が長すぎると固まりが悪くなると同時にフルーツの味わいもボケてきます。

材料
36cm × 26cm のバット1枚　70個分

250g	水
400g	フランボワーズピューレ（冷蔵）
130g	グラニュー糖A
26g	ペクチン（イエローリボン）
845g	グラニュー糖B
293g	水飴
10.4g	クエン酸溶液
65g	フランボワーズリキュール*1
適量	シュークル・クリスタル

下準備

(1) 水飴は沸騰した湯で湯煎し、70〜80℃にしておく。
◎これは煮詰め時間を短くするためです。

(2) クエン酸溶液は、水とクエン酸を1：1の割合で混ぜて作る。
◎2つを一緒にすればすぐ溶けます。

＊1　フランボワーズリキュールはイル・ブルー・シュル・ラ・セーヌ直輸入の、コートゥ・ドールの豊穣の極みのリキュールが絶対必要です。

ブリックス計
飲料,果汁,果実などの糖分（ブリックス）を簡単に短時間で測定するポータブル式の糖度計

作り方

1
銅ボウルに水、フランボワーズピューレを入れ、グラニュー糖Aとペクチンを合わせたものをホイッパーで混ぜながら加え、加熱する。

2
沸騰したら強めの中火にして、グラニュー糖Bを3回に分けて加える。
◎それぞれ沸騰してから次のグラニュー糖を加えるようにします。
◎一度に加えるとグラニュー糖の溶けが悪くなります。

3
グラニュー糖を全て加えて沸騰したら、水飴を加え、木べらで混ぜながら105℃まで煮詰める。

◎ブリックス計（P157参照）がある場合は、ブリックス80まで煮詰めます。

4
火を止め、クエン酸溶液を加え混ぜる。

5
フランボワーズリキュールも加え、よく混ぜてバットに流し入れる。
◎バットは必ず水平なところにおきます。

6
乾燥しないようにラップをかけ、常温（20℃）で最低24時間ほどおき、十分に硬くする。
◎早く切ると柔らかく、包丁にパートゥ・ドゥ・フリュイがくっついて切りにくいので、十分おいてから切ります。
◎ラップを貼っておけば、3〜4日おいてから切ってもグラニュー糖は全面にしっかりつくので前もって作っておいて必要な時に切っても大丈夫です。

7
シュークル・クリスタルを全体的に散らし、一番右端の、バットの角が丸くなっているところを数cm切り落とす。

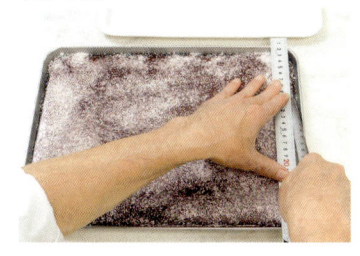

8
2.5cm間隔で印をつけ、定規をあてて包丁で切る。

9
全て2.5cm角に切り分けたら、全面にシュークル・クリスタルをつける。

10
網の上に並べる。50℃ほどのオーブンで一晩乾燥させる。

パートゥ・ドゥ・フリュイ・カシス
Pâte de fruits cassis

材料
36cm × 26cm のバット 1 枚　70個分

240g	水
410g	カシスピューレ（冷蔵）
130g	グラニュー糖 A
26g	ペクチン（イエローリボン）
745g	グラニュー糖 B
392.5g	水飴
9g	クエン酸溶液
65g	カシスリキュール *1
10滴	バニラエッセンス
適量	シュークル・クリスタル

下準備
(1) P157「パートゥ・ドゥ・フリュイ・フランボワーズ」下準備と同様にする。

作り方
1
P158「パートゥ・ドゥ・フリュイ・フランボワーズ」作り方と同様にする。
◎ただし、煮詰め温度は103℃にします。

*1　イル・ブルー・シュル・ラ・セーヌ直輸入の、豊穣の極みのフランス、コートゥ・ドールのカシスのリキュールが絶対必要です。

パートゥ・ドゥ・フリュイ・マンダリン
Pâte de fruits mandarin

材料
36cm × 26cm のバット1枚　70個分

505g	オレンジジュース（トロピカーナ）
140g	マンダリンコンサントレ
130g	グラニュー糖A
26g	ペクチン（イエローリボン）
745g	グラニュー糖B
392.5g	水飴
9g	クエン酸溶液
65g	マンダリン・ナポレオン
40g	コンパウンド・マンダリン*1
適量	シュークル・クリスタル

*1　ボワロン社の味わいが凝縮され、新鮮さをも持ったコンパウンド・マンダリンは絶対必要です。

下準備
(1) P157「パートゥ・ドゥ・フリュイ・フランボワーズ」下準備と同様にする。

作り方
P158「パートゥ・ドゥ・フリュイ・フランボワーズ」作り方と同様にする。
◎コンパウンド・マンダリンはリキュールと一緒に加えます。

パートゥ・ドゥ・フリュイ・バナーヌ
Pâte de fruits banane

材料
36cm × 26cm のバット1枚　70個分

325g	水
325g	バナナの裏ごし
130g	グラニュー糖A
26g	ペクチン（イエローリボン）
845g	グラニュー糖B
292.5g	水飴
15g	クエン酸溶液
80g	バナナクレームリキュール*1
適量	シュークル・クリスタル

*1　ドーバー洋酒貿易（株）が輸入しているダイアナバナナクリームリキュールが絶対必要です。

下準備
(1) P157「パートゥ・ドゥ・フリュイ・フランボワーズ」下準備と同様にする。
◎バナナは買ってからしばらくおき、表面に黒い斑点がかなり出てきて味わい、香りが十分に強くなるまでよく熟したものを選び、裏ごしします。

作り方
P158「パートゥ・ドゥ・フリュイ・フランボワーズ」作り方と同様にする。
◎バナナは他のフルーツから比べると少しゆっくり固まっていきます。

パートゥ・ドゥ・フリュイ・パスィオン
Pâte de fruits passion

材料
36cm × 26cm のバット1枚分　70個分

150g	水
250g	パッションフルーツピューレ（冷蔵）
250g	半量に煮詰めた パッションフルーツピューレ（冷蔵）
130g	グラニュー糖A
26g	ペクチン（イエローリボン）
845g	グラニュー糖B
292.5g	水飴
9g	クエン酸溶液
0.5g	バニラエッセンス
65g	パッションフルーツリキュール*1
10g	コンパウンド・パスィオン
適量	シュークル・クリスタル

＊1　ドーバー洋酒貿易（株）が輸入しているキングストンパッションリキュールは絶対必要です。

下準備

(1) P157「パートゥ・ドゥ・フリュイ・フランボワーズ」下準備と同様にする。
◎写真左上が半量に煮詰めたパッションフルーツのピューレです。

作り方

P158「パートゥ・ドゥ・フリュイ・フランボワーズ」作り方と同様にする。
◎ただし煮詰め温度は108℃にします。
◎コンパウンド・パスィオン、バニラエッセンスはリキュールと一緒に加えます。

パートゥ・ドゥ・フリュイ・マングー
Pâte de fruits mangue

材料
36cm × 26cm のバット1枚　70個分

100g	水
550g	マンゴーピューレ（冷蔵）
845g	グラニュー糖A
31.2g	ペクチン（イエローリボン）
130g	グラニュー糖B
293g	水飴
10g	クエン酸溶液
2g	バニラエッセンス
65g	マンゴーリキュール*1
適量	シュークル・クリスタル

＊1　ドーバー洋酒貿易（株）が輸入しているキングストンマンゴーリキュールは絶対必要です。

下準備

(1) P157「パートゥ・ドゥ・フリュイ・フランボワーズ」下準備と同様にする。

作り方

P158「パートゥ・ドゥ・フリュイ・フランボワーズ」作り方と同様にする。
◎ただしマンゴーにはペクチンを分解する酵素が含まれていますので、煮詰め温度を少し高くしないと（105→108℃）固まりが不十分で柔らかくなります。煮詰め温度は108℃にします。

食べごろ	2日～2週間目くらい。
賞味期限	約2週間。
保存方法	常温（20℃）。

マンデル・シュトレン
Mandel stollen

ビルヴェッカ
Birewecka

マンデル・シュトレン
Mandel stollen

私はこのシュトレンをほぼ自分のイメージ通りに作り上げてからも、
何度も何度も意識を凝縮させて食べました。
そして五感の隅々まで意識を凝らして心の中に果てしなく広がる思いを呼び集めて
心して食べるほどに様々な感覚が暖かく、雄大に朗らかに広がるのです。
私はふと感じました。このシュトレンのおいしさは絶えることなく溢れる神の愛。
ずっとずっと、神への帰依に憧れ、渇望し続けてきたことへの瞬時の神の気遣いなのだと。

私の人生の中でそれほど多くない、私の心を深く経験に刻むお菓子の一つなのです。

ビルヴェッカ
Birewecka

私が多感なあの頃、思い出と言えばだらしのない涙で顔を濡らす憐れさばかり。
女が去る度に私は心に変わらぬものを思い捜す。
心かすかに打ち震える静寂といにしえへの思いをたたえたカビの匂いに私はステンドグラスを見上げる。
ああ、私をいつくしむ主。

私には他人の視線の中に義務を感じる日本人としての価値感よりも、
自分を人間の存在として生来の意志に置いて自分のなすべきことを知る、
キリスト教的な生き方に安らぎを覚えます。
ビルヴェッカの一切れ。まるで静けさに手を差し伸べるステンドグラスのよう。
私が訪れた様々な教会の思い出が巡ります。

マンデル・シュトレン
Mandel stollen

ドイツのパティスィエの家にホームステイして本場のシュトレンをたくさん食べてきた方から、ドイツの職人さんにもぜひ食べさせてあげたいとの手紙を頂いたおいしさです。とにかく心が暖かく、豊かになる、とびっきりの旨さです。

お菓子の作り方のポイント
一番のポイントは作り方 6 〜 9 のところです。どうしても私たちの頭の中には素材同士はよく混ぜなければという潜在意識があります。そしてどうしても発酵種もきれいに混ぜ込もうとします。しかし混ぜすぎると特に粉のグルテンが他の素材を包みこみ、全く平坦な味わいになります。何度か浅めに混ぜることを心がけて焼いてみて、最も味わいの豊かな混ぜ具合をつかんでください。

材料
約縦 20cm ×横 8cm 大 1 本分（約 370g）

マンデル・シュトレン

分量	材料
3.4g	ドライイースト *2
2.7g	グラニュー糖 A
44g	牛乳
58g	フランス粉 A *1
17g	ローマジパン
48g	バター
10g	グラニュー糖 B
0.2g	ナツメグ
0.2g	カルダモンパウダー
0.3 個分	レモンの皮のすりおろし
3 滴	バニラエッセンス
1g	塩
14g	卵黄
29g	フランス粉 B *1
29g	強力粉
27g	オレンジピール
17g	ラム酒（ダーク・ラム）
95g	干しぶどう（サルタナ・レーズン）

マジパンフィリング（出来上がりから 25g 使用）

44g	ローマジパン
4.4g	ラム酒（ダーク・ラム）

仕上げ

68g	溶かしバター
27g	粉糖
0.7g	シュークル・ヴァニエ

下準備（前日）
(1) レーズンは前日にラム酒に一晩漬けておく。

*1 フランス粉は鳥越製粉（株）のフランスパン用粉です。なければ中力粉で代用してください。

*2 生イーストを使用する場合は、生イースト 3.4g にします。ボウルに常温の牛乳を入れ、生イーストを手でほぐして加えてホイッパーで溶かして使います。グラニュー糖 A は加えません。

下準備（当日）

（1）オレンジピールは3mm角に刻む。
◎漬け込みはしません。

（2）マジパンフィリングを作る。ローマジパンを少し揉み、ラム酒を加え、木べらですりつぶしながら均一にのばしておく。

（3）バターを厚さ1cmほどに切って18cmボウルに広げて入れ、室温に30分〜1時間おき、少し硬めのポマード状（→P180）にする。

（4）牛乳は40℃程度に温めておく。

（5）のし台やめん棒は冷凍庫に入れておく。また保冷のためにのし台の下に敷くタオルも水で濡らして絞り、冷凍庫で板状に凍らせておく。

（6）オーブンは予熱しておく。
電子レンジオーブン　230℃　20分
ガス高速オーブン　　210℃　10分

作り方

1
ドライイーストとグラニュー糖Aに温めておいた牛乳を加え、ホイッパーで溶く。35〜40℃ほどの暖かい場所におき、5mmほど泡が盛り上がるまで5〜10分予備発酵させる。
◎ここでは急冷させる必要はありません。
◎予備発酵が終わったらすぐに次の工程に進んでください。
◎どうしても発酵しすぎそうな場合は氷水に少しつけて発酵を止めても構いません。

2
1に20℃にしたフランス粉Aを加え、木べらで練り混ぜる。大体一つの塊になって、粉が見えなくなればよい。

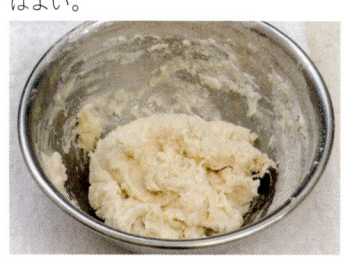

3
ビニール袋をかぶせ、オーブンの上など30℃くらいの暖かいところで2倍の大きさになるまで20〜30分1次発酵させる。
◎ここで十分に発酵させ、粉の旨味を引き出します。

4
ローマジパンにバターをひとすくい加え、ゴムベラですり込むようにして均一にする。さらに残りのバターの1/3量を3回に分けて加えて均一にし、滑らかにする。

5
4が滑らかになったら、残りのバターを加え、ホイッパーで混ぜる。グラニュー糖B、ナツメグ、カルダモンパウダー、レモンの皮のすりおろし、バニラエッセンス、塩、卵黄を加え混ぜる。

6
十分に混ざったら大きいボウルに移し替え、20℃にしたフランス粉B、強力粉、3の発酵種を小さくちぎって加える。

Mandel stollen | 165

作り方

7
粉が全体に行き渡るように、カードで10回切り混ぜる。粉を下からすくいながら大きく切り混ぜて、粉を吸収させる。

8
粉が完全に見えなくなり、パートゥがしっかりまとまったところで、木べらに持ち替える。木ベラの柄で円を描くようにゆっくり10回混ぜ、ボウルの内側をゴムべらで払い、さらに10回混ぜる。

9
8のパートゥを冷やしたのし台の上に移す。手で軽くすりつぶすように10回混ぜる。しかしよく見ると小さな発酵種のパートゥの塊は残っている状態。
◎この塊をきれいに混ぜ込んでしまうと、アーモンドその他の味わいが全く隠れた、パサついた味わいになり、少しもおいしくありません。

10
9を直径16〜17cmくらいの大きさに丸く広げる。まずオレンジピールの1/4量をパートゥになすりつけるようにのせ、レーズンの1/4量をのせ、押して少し埋め込む。パートゥを四方から包み込む。

11
さらにパートゥを手で広げ、同じようにオレンジピールとレーズンの1/4量を加え、パートゥを四方から包む。これをあと2回繰り返し、残りも全て加える。
◎4回目になるとパートゥが少しだけ切れてきます。あまりグルテンの引きが感じられないくらいです。

12
パートゥをまとめてボウルに入れ、パートゥ表面のベタつきが取れるまで20℃くらいのところで20〜30分休ませる。

13
フルーツの少ない面が表面に出るようにする。

14
のし台に打ち粉をふり、フルーツの少ない面を下にしてめん棒で18cm×20cmにパートゥをのばす。上にも打ち粉をふる。
◎成形の時もパートゥのバターのテリが出て少し切れやすくなりますが大丈夫です。

15
向こう側と手前側からそれぞれひと巻きする。巻いた部分が動かないように巻き終わりをめん棒で押さえて固定する。

16
マジパンフィリングを平口金をつけた絞り袋に入れる。薄く25g3列に絞る。

17
向こう側の巻き込んだ部分が上にのるよう、2つにたたむ。両側と上からめん棒で強く押さえて固定し、形を整える。

18
乾燥を防ぎ、型にパートゥがつかないよう溶かしバター(分量外)を刷毛でたっぷり塗り、型に入れる。

19
天板にのせて30℃のところで30分最終発酵させる。2倍弱に膨らませ、オーブンに入れる。

🔥 焼き時間
電子レンジオーブン
　　220℃　5分　→ 200℃　30分
ガス高速オーブン
　　200℃　5分　→ 180℃　25分
◎表面全体にこんがりと焼き色がつくまで焼きます。

仕上げ
20
焼き上がったら熱いうちに全体に溶かしバターを表裏にたっぷりと3回塗る。

21
粉糖をたっぷりとつける。20℃以下のところに一晩おく。
◎粉糖を軽くつけ、バターのしみたところを隠し、きれいにしてから包装します。

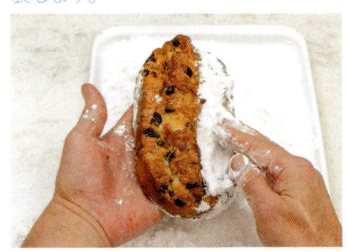

食べごろ	3〜4日目くらい。
賞味期限	約1週間。
保存方法	常温(20℃以下)。

型について

イル・プルー・シュル・ラ・セーヌの店や教室では金枠を使っていますが、型がない場合は、アルミホイルでだ円形の型を作って代用しても構いません。

Mandel stollen

マンデル・シュトーレン（大量仕込み）

材料
20cm × 8cm 大　3本分

170g	フランス粉 A
10.2g	ドライイースト
8.1g	グラニュー糖 A
130g	牛乳
50g	ローマジパン
140g	バター
30g	グラニュー糖 B
0.5g	ナツメグ
0.6g	カルダモンパウダー
1個分	レモンの皮のすりおろし
7 滴	バニラエッセンス
3g	塩（ゲランド）
40g	卵黄
85g	フランス粉 B
85g	強力粉
80g	オレンジピール
50g	ラム酒（ダーク・ラム）
280g	干しぶどう
	（サルタナ・レーズン）

マジパンフィリング

100g	ローマジパン
10g	ラム酒（ダーク・ラム）

仕上げ

200g	溶かしバター
80g	粉糖
2g	シュークル・ヴェニエ

下準備（前日 & 当日）

(1) P164「マンデル・シュトレン」下準備と同様にする。

作り方

1
P165「マンデル・シュトレン」作り方 1〜2 と同様にする。

2
ビニール袋をかぶせて、オーブンの上など30℃くらいの暖かいところで2倍の大きさになるまで20〜30分1次発酵させる。

イル・プルー・シュル・ラ・セーヌでは24本まで一度に手で仕込んでいます。

4
粉が全体に行き渡るように、カードで切り混ぜる。木べらの柄で10回混ぜる。その後手のひらで10回練る。

5
P166「マンデル・シュトレン」作り方 10～11 と同様にする。

6
パートゥ表面のベタつきが取れるまで20℃くらいの所で20～30分休ませる。

7
のし台の上でパートゥを5回すりつぶすようにこねる。

8
パートゥを3つに切り分け、フルーツの少ない面が表面に出るようにする。

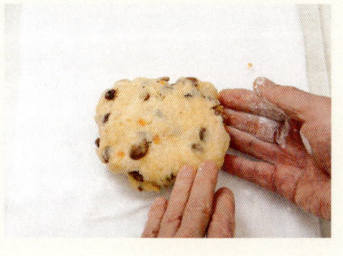

9
「マンデル・シュトレン」作り方 14～19 と同様にする。

🔥 **焼き時間**
電子レンジオーブン
　　220℃　5分 → 200℃　30分
ガス高速オーブン
　　200℃　5分 → 180℃　25分
◎表面全体にこんがりと焼き色がつくまで焼成します。
◎焼き上がりはかなり大きくなります。

仕上げ
10
「マンデル・シュトレン」作り方 20～21 と同様にする。

Mandel stollen

ビルヴェッカ
Birewecka

フランス、アルザス地方のクリスマスケーキです。
何種類ものたくさんのフルーツが、本当に少しのイースト生地でまとめられています。
そして香りが天までのびゆくキルシュと、シナモンパウダー、アニスの香りが深く、幾重にも重なり合います。
正に聖夜にふさわしい、神を感じさせる夢見心地のおいしさです。

お菓子の作り方のポイント

これも作り方はシンプルです。加えるドライフルーツも一つ一つをそれだけ食べても本当においしいものを選びます。キルシュは香り高いイル・プルー・シュル・ラ・セーヌ直輸入の3年熟成させ、天まで届く香りを持つキルシュを使ってください。またアニスパウダーは開けてから時間が経つと香りが抜けて弱くなります。鼻をしっかりと指す香りのしっかりしたものを使います。技術的に注意するところは一点だけです。作り方6〜8でフルーツに対して生地はほんの少しです。十分に混ぜ、シロップ、フルーツでのばしながら慎重に次のフルーツを加えます。少量の生地を本当に網の目状に薄く薄くのばし、フルーツをしっかり包むことが大事です。

材料
18cm × 7cm 大　4本分

ガルニチュール

200g	干しポワール
100g	干しぶどう（サルタナ・レーズン）
150g	干しプルーン
6個	干しイチジク
50g	オレンジピール
10個	ドレンチェリー
70g	くるみ
50g	アーモンドスライス
140g	キルシュ
44g	グラニュー糖
3.6g	シナモンパウダー
1.6g	アニスパウダー

パートゥ

3.2g	ドライイースト
1.6g	グラニュー糖
76g	湯（約40℃）
48g	ライ麦粉（ナチュラル）
48g	強力粉
1g	塩
12個	アーモンドホウル（皮むき）
適量	30℃ボーメシロップ（→ P24）

下準備（前日）

（1）前日にガルニチュールを漬け込む。干しぶどうとプルーンはお湯に30分浸けて戻し、水気をふきとる。ポワールとプルーンは1.2cm角、イチジクは1.5cm角、オレンジピールは1.2mm角、ドレンチェリーは縦4等分、くるみは1cm角にそれぞれカットする。材料を全て手で混ぜ合わせ、室温に一晩おく。

下準備（当日）

（1）ライ麦粉と強力粉は合わせてふるう。

（2）オーブンは予熱しておく。
電子レンジオーブン　200℃　20分
ガス高速オーブン　　170℃　10分

作り方

1
ドライイーストとグラニュー糖に湯を加え、ホイッパーで溶く。35〜40℃ほどの暖かい場所におき、5mmほど泡が盛り上がるまで5〜10分予備発酵させる。予備発酵が出来たら5℃以下の氷水で冷やし、発酵を止める。

2
パンこね器に粉と塩を入れてスイッチを入れ、1を少しずつ加えて4分こねる。少し水分が多めのパートゥなので、かなり粘りがある。

3
ボウルに打ち粉をし、2を入れる。ぬれ布巾をかぶせて30℃の場所で15〜20分、1.2倍くらいの大きさになるまで発酵させる。
◎パートゥを発酵させることによって薄くのびやすくします。しかし発酵させすぎるとパートゥのグルテンが弱くなり、パートゥが薄くのびずにフルーツを包み込まず、小さな塊になってしまいます。

4
発酵後の状態。

5
4を大きめのボウルに移し、ガルニチュールを6回に分けて手で混ぜ合わせる。

6
まず漬け込んだガルニチュールの下に沈んでいる少量の漬け汁をパートゥに加え、5本の指を手早く動かし、均一に混ぜる。次に少量のフルーツを加え、パートゥをしっかりかきむしるようにして混ぜていく。
◎少しずつパートゥは柔らかく、のびやすくなってくるので、加えるフルーツも少しずつ多めにしていきます。
◎フルーツがかなり入るに従い、次第にパートゥは柔らかくのびてきて、見た目には納豆のような粘りが出てきます。

7
全て混ぜ終わった状態はかなり粘ってネチャネチャした状態になる。

8
260gずつ4分割し、厚手のビニール袋（23cm角くらい）などの上に取り出す。ビニールを持ってパートゥを転がしながら、16cm×5.5cmの棒状に成形する。
◎粘りが強くて扱いづらいので、ビニールにとって成形します。

9
ポマード状バター（分量外）を塗った天板にのせる。

11

スプーンの背に水をつけてパートゥの表面をこすり、出来るだけパートゥでフルーツを覆うようにする。アーモンドを3個ずつのせてパートゥに押し込む。オーブンに入れる。
◎フルーツが表面に出ていると、焼け過ぎて硬くなりやすいので、パートゥの中に押し入れます。

食べごろ	一番印象的な味わいは焼いた日も含めて3日間くらいです。日が経つにつれ、キルシュ、香辛料の香りが混ざり合い、清々しい香り、味わいのコントゥラストは失われてきます。
賞味期限	約1週間。
保存方法	常温。

🔥 焼き時間

電子レンジオーブン
　　　　　180℃　40〜45分
ガス高速オーブン
　　　　　160℃　40〜45分

12

焼き上がったらすぐに全体にシロップを刷毛で塗る。
◎シロップを塗るのはテリとツヤ、乾燥防止のためです。

ポルボロン
Polvoron

もちろんこのポルボロンはスペインのお菓子であり、私が創り上げたものではありません。
私はこのお菓子を初めて食べた時から、私の心のある所が強く惹きつけられました。

口に入れる、豊かな、でも切なげな歯触りが感性に届き、心はふくらむ。その刹那。
静寂の中にふくらんだ意識の山は不可解な歯触りと共に一瞬に崩れ落ちる。

私の父は大きな借金を背負い、自殺しました。以来、死はいつも私と共に在り続けました。
一日を生きる度に私は自分の命をいつか自分の手で断つ時が来ると確信を持ち始めました。
そして私にとってこの上なくふさわしい命の紡ぎ方にひたり始めました。
事物の全てが形象を失う、意識と存在の境界を超えて沈みゆこうという衝動がずっと私をはなしませんでした。
しかし私は今も生き、この文を書いています。
これは私の血に流れる、常に前を向いて生きた母の血の強さが父のそれを凌いだからでした。
このポルボロンは、あの時の精神の果てしなき緊張の後の、
心の決壊への恐れと憧れを、もっと強く自分の心に蒼き時の墓標として刻み止めたい。そんな思いからでした。
歯触り、香りはよりけん固に全ての緊張を集め高め、それに続く生地の崩れをいさぎよく、
けれんみなく、存在が一瞬に掻き消えるが如くと思って作り上げたものでした。

ポルボロン
Polvoron

このポルボロンは自分の心の中にあるこのお菓子へのイメージの全てを表しつくすことが出来ました。
でも私以外の人々にとってはこのお菓子への私のイメージとは裏腹にとにかく楽しく、嬉しいおいしさなんです。
心浮き立つ香ばしさ、軽い歯触りと共に滋味が舌の上に溢れます。んー、幸せになっちゃいます。

お菓子の作り方のポイント

これも作り方はシンプルです。もちろん全ての素材の寄り足によって味わいは異なりますが、特にプラリネ・ノワゼットゥ、アーモンドパウダー、キャソナッドゥの味わいが大事です。またマロンパウダーを加えると明るく暖かく、深い味わいになります。さらに、粉を歯触り、口溶けもとても軽く、心地よいものになります。

材料
30〜35個分

ガルニチュール

100g	バター
20g	グラニュー糖
50g	キャソナッドゥ
15g	卵黄
20g	カカオバター
120g	薄力粉
2g	シナモンパウダー
11g	プラリネ・ノワゼットゥ
10g	シュークル・ヴァニエ
60g	マロンパウダー
20g	アーモンドパウダー

下準備

(1) 薄力粉はフライパンで軽く薄い色がつくまで10分ほど炒る。冷ましてふるう。
◎焼くことで小麦粉中の蛋白質を加熱して凝固させ、水と結合してグルテンが出にくいようにします。

(2) マロンパウダー（写真上）とアーモンドパウダー（写真下）は180℃のオーブンで軽く焼き色をつけておく。

(3) 粉類はそれぞれ冷蔵庫で冷やしておく。

(4) バターを厚さ1cmほどに切って18cmボウルに広げて入れ、室温に30分〜1時間おき、少し硬めのポマード状（→P180）にする。

(5) カカオバターは50℃の湯煎で溶かし、30℃ほどに調整しておく。

(6) のし台やめん棒は冷凍庫に入れておく。また保冷のためにのし台の下に敷くタオルも水で濡らして絞り、冷凍庫で板状に凍らせておく。

(8) オーブンは予熱しておく。
電子レンジオーブン　　190〜200℃　20分
ガス高速オーブン　　　160℃　10分

食べごろ	1週間目くらい。
賞味期限	約2週間。
保存方法	常温。

作り方

1
バターにグラニュー糖、キャソナッドゥを5回に分けて加え、ホイッパーでそれぞれ50回ずつ混ぜる。

2
1に卵黄を1度に加えて、同様に混ぜる。卵が見えなくなってから30回、浅く混ぜる。

3
カカオバターを加え30回混ぜる。【円】

4
粉とシナモンパウダーの半量を加え、木べらで混ぜる。【切り混ぜ】【平行だ円】
残りの粉も同様に加える。粉が見えなくなってから、20回すりつぶす。
◎ここである程度よく混ぜることが必要です。

5
プラリネ・ノワゼットゥ、シュークル・ヴァニエを加え混ぜる。

6
マロンパウダーを2回に分けて、アーモンドパウダーを1回で加える。それぞれ加えるたびに、初めは切り混ぜ、粉が飛ばなくなったらすりつぶすように混ぜる。粉が見えなくなったら30回ずつ混ぜる。
◎粉を最後に加えると、粉が栗とアーモンドの味わいを包み、味が抑えられてしまいます。

7
マロンパウダーとアーモンドパウダーが見えなくなったら、パートゥを手でまとめる。

8
長方形に整えたら、ラップを敷いたのし台の上にパートゥをおき、厚さ8mmの四角形にのす。冷蔵庫で1時間ほど休ませ、パートゥをしっかり固くする。

9
直径4cmの丸抜き型で抜き、ベーキングシートを敷いた天板に並べ、オーブンに入れる。
◎あまりふくらまないので、1.5cmの間隔で大丈夫です。残りのパートゥは少し柔らかくしてまとめてから抜きます。

🔥 焼き時間

電子レンジオーブン　170〜180℃　15分
ガス高速オーブン　150℃　15分
◎軽めにこんがりと焼き色をつけ、中まで火を通し、パートゥ全体をサラッとした軽い歯触りにします。天板ごと冷まします。

パンデピス
Pain d'épice

ここでは様々なお菓子について、私の心の中の様々な表情を綴りました。
その様々の表情によって形づくられる一人の私はどんな顔をしているのだろう。
私はこの、自分で作り上げたパン・デピスだと思えるのです。
私にとって安定、不滅という類の言葉は何の意味も真実味もありません。全ては移りゆくのです。
目の前にあるもの、安寧であれ、女であれ、やがては移りゆくのです。
失うことの怖さ、存在の全てを打ち壊される動揺。
ならば私は初めから、安寧の裏側、寂寥の中に身をおきたい。
ずっとそれが生きることの一つの理由であったように思えます。
計りしれぬ心の機微が混沌として流れ、混ざり合い、私の心を寂としてすり減らす。
でも私はこの一時にとどまらぬ、流れの移ろいに、心の底から浮かび上がる安らぎを感じるのです。

パンデピス
Pain d'épice

私は有名なフランス、ディジョンのパン・デピスは好きではありません。
でもその味わいの特性を意識を持って深め、イメージを強くし、自分のパン・デピスを作りました。
多くのビスキュイとは異なる深い寂寥感を持った、香り、食感、味わいが響き合うものに作り上げました。
心が静かに包み込まれる、何か非日常的な味わいです。私はこれが大好きです。

材料

上口 18cm × 7cm、底 17cm × 6.5cm、高さ 5cm のパウンド型　2台分

分量	材料
18g	ライ麦粉（パワー）
90g	フランス粉 *1
14.4g	ベーキングパウダー
36g	コーンスターチ
36g	グラニュー糖
5.4g	シナモンパウダー
0.8g	ナツメグ
180g	蜂蜜（百花蜜）
98g	全卵
18 滴	バニラエッセンス
28g	オレンジピール
18g	レモンピール
64g	牛乳
9g	ラム酒（ダーク・ラム）

*1 フランス粉は鳥越製粉（株）のフランスパン用粉です。なければ中力粉で代用してください。

下準備

(1) 型にポマード状バター（分量外）を塗り、打ち粉をふる。余分な粉は落とす。

(2) 粉、ベーキングパウダー、グラニュー糖、シナモンパウダー、ナツメグは合わせて混ぜ、冷蔵庫で1時間くらい冷やしておく。
◎グルテンが出すぎると歯触りが粘るので、生成を抑えるために冷やしておきます。

(3) オレンジピールとレモンピールは2mm角より小さく刻む。

(4) オーブンは予熱しておく。
電子レンジオーブン　200℃　20分
ガス高速オーブン　　170℃　10分

食べごろ	1週間。
賞味期限	2週間。
保存方法	常温。

作り方

1
冷やしておいた粉類に 30℃くらいに温めて柔らかくした蜂蜜を加え、木べらで軽く混ぜ合わせる。

2
ほぐした全卵の 2/3 量を加え、ゆっくりとよく混ぜる。粉が見えなくなったら残りの卵を加え、ゆっくり返しながら 40 回ほど混ぜる。【平行だ円】
バニラエッセンスを加え混ぜる。
◎ゆっくりめに木べらを動かします。手早く混ぜればグルテンはより多く生成されます。
◎滑らかになるまで、十分によく混ぜます。混ぜ方が足りないと焼き上がりは過度にざらざらになります。また、時間と共にそのざらつきはさらに唐突なものになります。

3
刻んだオレンジピールとレモンピールに牛乳を少しだけ加えてゴムべらでほぐす。

4
残りの牛乳の半量を **2** に加えて混ぜ、均一になったら次を加えてよく混ぜる。

5
ラム酒を加え、20 回ほど均一になるまで混ぜる。
◎ゆっくりですがよく混ぜます。

6
3 を加えてよく混ぜる。

7
用意しておいたパウンド型にパートゥを流し込む。

🔥 焼き時間

電子レンジオーブン
180℃　32 〜 35 分
ガス高速オーブン
160℃　33 分〜 34 分

◎竹串に付かなくなって 3 〜 4 分、割れ目に焼き色がつくまで焼きます。
◎卵白や卵を泡立てたパートゥではなく、ベーキングパウダーによって膨らませるので、パートゥのスダチは大きめで、その大きさは不均一です。またスダチの網の目の 1 本 1 本が太いので、歯触りはビスキュイなどとは異なり、少しだけごわごわした歯触りになります。

第 4 章

基本となるパートゥとクレーム

パートゥ・シュクレ
Pâte sucrée

作り方のポイント

○ 一番大事な点は、パートゥ・シュクレの焼成時にパートゥからバターがもれ出さないようにすることです。もれ出してしまうと、バターの多い軽い歯触りを持つサブレでもただのガリガリなだけのおいしくない焼き上がりになってしまいます。要点としては、バターを硬めのポマード状に保ちながら、粉糖、卵、粉を十分に混ぜ込んでいくことです。粉を混ぜる時に、よく完全に混ぜないで少し粉が残っている方が良いと言われますが、これは間違いです。それぞれの混ざりが浅ければ当然バターは焼成時にもれ出します。

○ バターが柔らかすぎると砂糖、卵、粉などが目に見えない部分で細かく混ざりませんし、またよく出来たパートゥでも焼成前に一度でも温めてしまうとバターが再び他の素材の外側に出てきて焼成時にバターがもれ出します。

○ よく混ぜたパートゥを次の日に成形し終えるという事が大事です。パートゥは必ず一晩休ませた翌日（長くても翌々日）に、すべて抜き型で抜いたり、型に敷いたりして成形します。パートゥを仕込んでから15時間ほどすると素材同士が強く結びついていますが、3〜4日経ったパートゥを成型すると、逆にバターは他の場合は焼くときに バターがもれ出すなどの結果となります。この場合もまた、歯ざわりのガリガリとしたものとなり、優しい歯ざわり、サクサク感は失われてしまいます。

材料
直径18cmのタルト型
2台分（約500g分）

250g	薄力粉
1.2g	ベーキングパウダー
150g	バター
94g	粉糖
47g	全卵
38g	アーモンドパウダー

下準備

(1) 薄力粉とベーキングパウダーは合わせてふるい、冷蔵庫で1時間前から冷やしておく。
◎全てを混ぜ終わったら、パートゥは出来るだけ早く冷やし固めた方が、よりよい状態に焼き上がるので、粉はよく冷やしておきます。

(2) バターは粉糖がようやく混ざるくらいの、少し硬めのポマード状にする。
①バターは厚さ約1cmに切り、18cmボウルに重ならないように入れ、室温に30分〜1時間おく。

②木べらで【平行楕円】で混ぜ、指に硬さを感じ、粉糖がようやく混ざるくらいの少し硬めにする。
◎もし、気温などが15℃以下でなかなかバターが柔らかくならない場合は、ボウルをほんの少しだけガスの火にあて、バターを溶かし、柔らかくしてもかまいません。しかし、混ぜていて十分に木べらを持つ手に重さが感じられるほどの柔らかさに留めます。

(3) 全卵は常温（20℃）にしてホイッパーでほぐしておく。

作り方

1
粉糖を5回に分けて1に加え、手早く木べらで混ぜる。【平行だ円】1回加えるごとに、10秒に15回ほどの速さで80回混ぜ、その都度ボウルの内側をゴムべらで払う。
◎混ぜる速さは割合ゆっくりです。あまり手早く、また強く混ぜると過度の空気がバターに入り込んでしまいます。あまり空気を入れないように、目に見えないところでとにかくよく混ぜることによって焼成中にバターがもれ出すことが防げ、また歯触り、歯崩れも快いものになります。

2
前もってホイッパーでよくほぐしておいた全卵を5回に分けて加え、同様に混ぜる。

3
ほぼ卵液がバターに混ざり込み、木べらに徐々に重さが感じられるようになったら、さらに50回同様に混ぜる。残りも同様に加える。
◎ボウルは必ず何回かまめに払います。その方が混ざりがよくなります。特に4〜5回目に全卵を加える時は、卵液がかなりバターの表面に出てきて段々と混ざりにくくなるので、とにかくよく混ぜてください。

4
アーモンドパウダーを一度に加え、同様によく混ぜる。ここで21cmボウルに移し替える。

5
粉類の半量を一度に加える。粉がボウルからこぼれないように、最初は木べらで切るように混ぜる。

6
粉が少し見えるぐらいで、今度は木べらの面でパートゥをすりつぶすように混ぜる。5〜6回すりつぶしたらパートゥを返す。粉が見えなくなってから、さらに15回すりつぶす。

7
残り半量も同様に混ぜ、パートゥが一つにまとまり粉が見えなくなってから、完全に粉が混ざるまでさらに30回混ぜる。

Pâte sucrée

8
次にカードに持ち替え、まずボウルの内側をきれいに払う。ボウルの底のパートゥをこすり取り、手前から返してパートゥを折り込むようにして返す。15回繰り返す。
◎木べらでは全体的には混ざりますが、木べらにこすられるのをまぬがれたボウルについた細かい部分はよく混ざらず、翌日パートゥをのす時にベタベタとして台につきやすくなるため、ここで細かい部分もよく混ぜ込みます。

10
出来上がったパートゥは長方形に整えてバットにのせ、ビニール袋に入れる。よく冷えた4℃以下の冷蔵庫で一晩休ませる。

余った生地（二番生地）について

成形時に切り落として余ったパートゥは、二番生地として冷蔵庫で冷やし固め、新しいパートゥに挟んで使います。こうすれば全て同じよい状態で使うことが出来ます。

作り方

1
新しいパートゥを叩いてある程度の大きさにしてから半分に切る。半分の新しいパートゥの上に冷やし固めておいた古いパートゥをのせ、もう半分をその上にのせる。

2
さらに少し叩いて馴染ませてから、必要な形にのす。

パートゥ・ブリゼ
Pâte brisée

作り方のポイント

○ よく冷えたバターと小麦粉を、乾いたそぼろ状になるまで手ですり混ぜ、バターで小麦粉を包むようにします。こうすることで小麦粉のたんぱく質がバターに包まれ、水と結合しにくくなり、グルテンの形成が抑えられます。その結果、唇を刺すような硬い歯触りが弱まります。また澱粉もバターに包まれて水を吸収しにくくなります。そのためパートゥ・シュクレとは違い、少ししっかりとした歯触りがあり、瞬時にはらっと崩れる、そんな特徴をもつパートゥになります。

○ もちろんよい状態のバターを使い、また必ず粉と器具も十分冷やしてから使ってください。

○ フードプロセッサーは混ぜる力がとても強いため材料が混ざりすぎ、そのパートゥが持つ個性的な香りや食感、味わいが消えてしまいがちなので、使う場合は注意が必要です。パートゥ・シュクレはフードプロセッサーで作ると本来のものとは全く異なるものが出来てしまうので使うべきではありませんが、パートゥ・ブリゼは生地の構造上使うことが出来ます。ただしバターと粉は完全に混ざらないようにします。バターの粒がなくなるまで回してしまうと粉にバターが混ざりすぎ、リッチな味わいが失われ、パサついた食感になってしまいます。

材料
直径 18cm のタルト型
3 台分（約 650g 分）

166g	強力粉
166g	薄力粉
213g	バター
6g	塩
62g	全卵 *1
26g	牛乳
30g	グラニュー糖

*1 フードプロセッサーを使わず、最初から手で作る場合は全卵は 50g です。

下準備

（1）薄力粉と強力粉は合わせてふるい、冷凍庫で 1 時間冷やしておく。

（2）バターは厚さ 3mm にスライスし、冷蔵庫で冷やしておく。
◎バターは十分に硬く冷やしておかないと、フードプロセッサーではあっという間に混ざり込んでしまいます。

（3）全卵はよくほぐし、塩、牛乳、グラニュー糖と合わせて卵液を作り、冷蔵庫で冷やしておく。

（4）21cm ボウルを冷蔵庫で冷やしておく。

作り方

1
フードプロセッサーにバター3/4量と粉を入れ、粒がごく細かくなるまで挽く。

2
残りの粉を加え、粒が1mmくらいの大きさになるまで挽く。
◎バターの粒がなくなるまで混ぜ込んでしまうと、バターのリッチな味わいが消えた、平坦でパサついた味わいになってしまいます。

3
冷やしておいた卵液を6回に分けて加え混ぜる。まず刷毛で表面全体に散らし、両手でボウルの底から粉をすくいあげて指の間からパラパラと粉を落としていくように、卵液を吸って固まった部分を軽くほぐしていく。

4
2回目以降も同様に混ぜる。5回目くらいからかなり大きな塊になるが、そのままゆっくりとほぐし続ける。

5
約15分ほどすり合わせていくと、バターの粒はほとんど見えなくる。サラサラした砂状になったら表面を手で平らにならし、冷蔵庫で15分休ませる。
◎手が温かい人は10分くらいで砂状になります。途中手の熱ではっきりとバターが溶けて粉がにじんできたら、一度冷蔵庫に入れ冷やします。

6
卵液を全部入れ終わったらパートゥを握り、4〜5個の塊にする。
◎すりつぶすようにして粉をまとめるとグルテンが出たり、既に出ているグルテンに引っ張られ、焼き縮みが大きくなり、軽い歯触りが失われます。まず手の圧力だけで大体固めます。

7
さらにこれをボウルに移し、一つにまとめる。ボウルの中で約15回パートゥ全体をやっと粉の白いところがなくなるほどに大きく軽くもむ。
◎この時よく見るとパートゥはきれいに滑らかに混ざってはいませんが、このくらいでよいです。

8
長方形に整えてバットの上にのせ、ビニール袋に入れる。よく冷えた4℃以下の冷蔵庫で一晩休ませる。
◎割れているところをよく押してまとめながら、4℃以下で15時間休ませるとそれぞれの素材が相互に浸透し、固まり、しっかりしたパートゥになります。また少しはバターの小さな粒があっても構いません。

フードプロセッサーを使わない場合

これが本来の作り方です。最初から手で作る場合は、粉は冷蔵庫で1時間前から冷やしておきます。バターはスライスしておく必要はありません。作業の途中でバターが少しでも溶けてきて粉がにじみ始め、重い手触りとなった場合はもう一度冷蔵庫か冷凍庫に入れて冷やしてから作業を続けてください。

作り方

1
バターを水で塗らしたデニムの布などで包み、めん棒で叩いて柔らかくする。

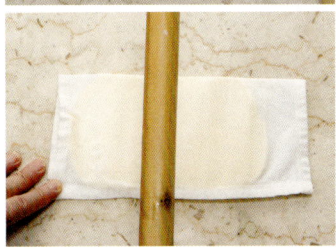

2
粉と1のバターを24cmボウルに入れる。その一部をとって指でさらに薄くつぶし、バターに粉をまぶしながら右手の親指でバターを小さく1cmほどにちぎっていく。全てちぎるまで所要時間は10分ほど。

3
右手いっぱいに粉とバターをすくい、まっすぐのばした左手の上で、右手を丸めたまま小さな円を描くようにしながら粉とバターをすり合わせる。この時粉とバターは両手から自然に落ちるのに任せ、あまり力を入れずに手から全てなくなるまですり合わせていく。粉とバターが砂のようにサラサラになるまですっていく。
◎この時、けっして力を入れないようにしてください。軽くすり合わせないとバターと粉が塊になってしまいます。ただしバターと粉がよく冷えている場合、温度が戻るまでは力を入れてすり合わせます。

4
約15分ほどすり合わせていくと、バターの粒はほとんど見えなくなる。サラサラした砂状になったら表面を手で平らにならし、冷蔵庫で15分休ませる。

5
P184「パートゥ・ブリゼ」作り方6〜8と同様にする。

パートゥ・シュクレ（キッチンエイド仕込み）

大量仕込みの作り方のポイント

一番のポイントは硬めのポマード状バターに砂糖、卵、粉などを泡立てないように十分混ぜていくことです。目に見えないところでよく混ぜることによって、焼成時にバターがもれ出るのを防ぐことが出来ます。またバターを泡立てないようによく混ぜることが大事です。キッチンエイドは速度2番、ケンミックスは速度0.8、20〜30コートのミキサーは初めから終わりまで低速で撹拌していきます。また砂糖、卵、粉を入れた後も、必ずまめにゴムべら、カードなどでボウルの内側を払うことが大事です。砂糖、卵などを入れる時にはそれぞれ5回に分けて各1分ほど十分に混ぜます。また粉をミキサーで混ぜ終わってから必ず冷えたマーブルなどの上で、カードを使い、パートゥを下からすくいあげ、上に反し折りたたむようにして十分に均一に混ぜ込むことが大事です。その他の注意点は少量を仕込む場合（→P180）と同じです。

材料
20cm × 8cm 大　3台分

225g	バター
141g	粉糖
71g	全卵
57g	アーモンドパウダー
375g	薄力粉
1.8g	ベーキングパウダー

下準備

（1）バターは厚さ1cmくらいにスライスし、バットの上においておく。

（2）ミキサーボウルに（1）のバターを入れ、何度かゴムべらで周りを払いながら、ビーターを回し、硬めのポマード状にする。

（3）薄力粉とベーキングパウダーは合わせてふるい冷蔵庫で1時間前から冷やしておく。アーモンドパウダーも冷蔵庫で冷やしておく。

作り方

1

キッチンエイドにボウルをセットし、ビーターをつけて低速（2番）でまず回す。ボウルの内側をゴムべらで払う。

◎ケンミックスの場合は1〜0.8番の低速でバターが均一な柔らかさになるまで回します。

2
粉糖の1/5量を加える。15〜20秒ほどでほぼ混ざったらミキサーを止め、ボウルの内側をゴムべらで払う。さらに40秒ほど撹拌する。これを後4回繰り返す。

3
卵黄の1/5量を加える。ほぼ混ざったらミキサーを止め、ボウルの内側をゴムべらで払う。さらに40秒撹拌する。これをあと4回繰り返す。

4
アーモンドパウダーを一度に加え、ほぼ混ざったらボウルの内側をゴムべらで払う。さらに20秒ほど撹拌する。

5
粉を2回に分けて加える。ちょっとスイッチを入れてはさっと切り、粉が飛ばないように少しずつ混ぜていく。ボウルの外に粉が飛ばなくなったらミキサーを回し続け、粉が全く見えなくなったらさらにビーターを10回転させる。
ボウルの内側をゴムべらで払い、残りの粉を加え、同様に混ぜる。ビーターを10回転させてからもう一度ボウルの内側をゴムべらで払い、さらに5回転させる。

6
粉が混ざったらボウルの内側をゴムべらで払う。ビーターについたパートゥもゴムべらでとる。

7
マーブル台の上にあけ、カードでパートゥを下から折りたたむようにして、全体を混ぜる。

8
冷蔵庫で一晩休ませ、翌日に成形する。
◎冷凍する場合はここでします。

Pâte sucrée | 187

パートゥののし方とフォンセの仕方

作り方のポイント

初めパートゥを叩く時はひんぱんに裏表を変えますが、次にのしていく時には、決してパートゥは裏返しにしないで、そのままのしていきます。通常、のし台に面した方は打ち粉が多くなります。これが舌、唇に不快なサラサラした感触となりますので、この部分は舌、唇に直接当たらないように（つまりタルトゥの内側にくるように）打ち粉が多い方を上にして型に敷き込みます。

のしたパートゥを焼く場合は、それをのせる天板に必ず薄く水を霧吹きします。これはパートゥについた粉の澱粉をアルファ化させるためです。粉は熱を加えるだけではサラサラした状態は消えませんが、水分を与えて加熱すると糊化してパートゥにその不快感はなくなります。

下準備

（1）のし台は必ず冷凍庫で冷やしておく。また保冷のためにのし台の下に敷くタオルも水で濡らして絞り、冷凍庫で板状に凍らせておく。めん棒は冷蔵庫で冷やしておく。打ち粉も冷蔵庫で冷やしておく。

◎本書では、のし台として長さ約55cm×幅32cm×厚さ5mmのアクリル板を使用しています。
◎のし台は15℃以下に冷えていないとバターが溶け出し、パートゥが柔らかくなってしまいます。

四角くのす場合

○ クッキーを抜き型で抜いて作る場合は、パートゥを四角にします。

1
パートゥを仕込んだ翌日、一晩休ませたパートゥを必要な量に切り分け、のし台にパートゥの辺が平行になる用におく。

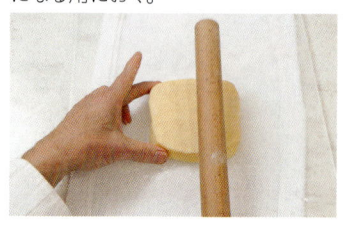

2
パートゥは決して手で揉まずに、めん棒で裏表を返して向きも変えながら少し強めに叩いて均一でのしやすい硬さにする。

3
のしたいパートゥの厚さに合わせてガイド用の板を両端に置き、めん棒を転がしながら四角になるようにのす。

4
四辺がまっすぐになっていなければ、凹んでいるところに合わせて斜めにめん棒を転がし、凹んでいるところ

丸くのす→型に敷き込む場合

○ 丸い型に敷き込む場合は、パートゥの無駄が出ないように、丸くのします。

1
パートゥを仕込んだ翌日、一晩休ませたパートゥを必要な量に四角に切り分ける。

2
パートゥは決して手で揉まずに、めん棒で裏表を返して向きも変えながら少し強めに叩き、均一でのしやすい柔らかさにする。この時両端は叩かずに初めの厚さを残しておき、中央が薄く、両側に向かってなだらかに高くなるように叩く。何度も返しながら叩いていくと少しずつパートゥが丸くなってくる。

◎丸い型に敷くために出来るだけ丸く形を整えながら叩きます。そのためにはめん棒はパートゥの四辺に対し斜めになるように叩きます。

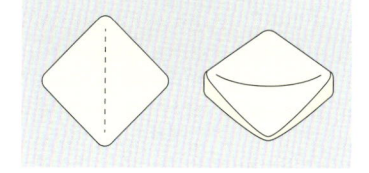

3

のしたいパートゥの厚さと同じ厚さの板を両端におき、めん棒を転がしながら出来るだけ丸くなるようにのす。

◎めん棒に添える手は、必ず両端においた板の上を通るようにします。内側に添えるとめん棒がたわみ、パートゥが薄くなり過ぎることもありますので注意してください。

◎のす時もしっかり四辺を見て、四辺に対して対角線上にめん棒をあて、転がします。

4

パートゥの表面の粉を刷毛で十分に落とす。のし台の表面もよく粉を払い、裏返す。さらに表面の粉を払い、空焼きしない場合はここでピケする。

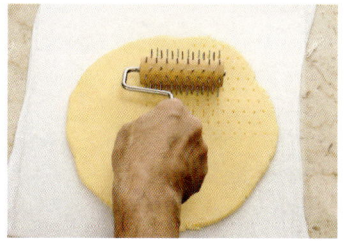

5

薄めにポマード状バター（分量外）を塗った型に少したるませながらかぶせる。

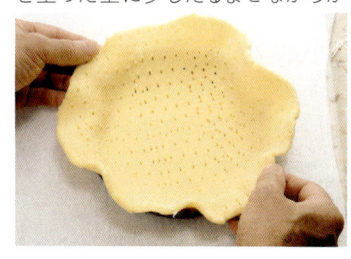

6

パートゥを型の内側の角に軽く押し込むような感じで、角の部分にパートゥを送り、親指で軽く押さえながら型に貼りつける。

◎親指でただ軽くパートゥを型の側面に張りつけるだけで力は入れません。型のギザギザが見えるくらいでは大体パートゥは薄くなりすぎています。

7

パートゥの余分な部分をプティクトーで切り落とす。

◎ナイフは力を入れずに外側に向かって動かします。上に向かって動かすときれいに切れません。

8

パートゥがそれほど柔らかくなっていない場合は15分、柔らかくなった場合は1時間ほど5℃以下の冷蔵庫で休ませる。

◎バターをパートゥに落ち着かせてから焼かないと、パートゥからバターがもれ出やすくなります。

◎成形したパートゥはビニール袋に入れて冷凍庫で10日間保存可能です。その場合自然解凍してから焼成します。

◎業務用オーブンなら完全に解凍したらすぐオーブンに入れます。

◎家庭用オーブンはさらに20分ほど常温近くに戻してからオーブンに入れて焼かないとよい状態に焼き上がりません。

パートゥ・フイユテ・ラピッドゥ（速成折パイ）
Pâte feuilletée rapide

短時間で技術的にも簡単にできる速成折りパイです。多くの方は折りパイの方がずっとおいしいパイが出来ると思われていますが、粉やバターの特性を理解してさえいれば、折りパイよりもこの速成折りパイの方がバターと粉がより浅く混ざり合うので、ザックリした歯ざわりとともに、バターの味わいがより豊かに感じられとても印象的な味わいに仕上がります。

作り方のポイント

○ この速成折りパイは粉の層が普通の折りパイほど薄くのばされないので、グルテンがいっぱい生成されるとガリッ、バリッとした唐突な歯触り、味わいになってしまいます。グルテンを十分に押さえられるように粉、バター、その他のものを冷蔵庫に1時間ほど前から入れ、十分に冷やしておかなければなりません。温度が低いとグルテンは生成されにくくなります。

材料
1バトン分

	185g	バター
	175g	強力粉
	75g	薄力粉
A	5g	塩
	100g	水
	10g	酢

下準備

(1) のし台やめん棒は冷凍庫で冷やしておく。また保冷のためにのし台の下に敷くタオルも水で濡らして絞り、冷凍庫で板状に凍らせておく。
◎本書では、のし台として長さ約55cm×幅32cm×厚さ5mmのアクリル板を使用しています。
◎のし台は15℃以下に冷えていないとバターが溶け出し、パートゥが柔らかくなってしまいます。

(2) バターは1cm角に切る。

(3) ふるった粉の上に(2)のバターをバラバラにしてのせ、冷蔵庫に入れて冷やしておく。

◎出来るだけ0℃近くまで冷やしておきます。

(4) ボウルにAの水、酢、塩を入れて混ぜ合わせ、冷蔵庫に入れて5℃ほどに冷やしておく。

作り方

1
バターをのせて冷やしておいた粉に、**A** を入れ、全体に散らすように入れ、はっきりと指先に水分が感じなくなるまで手でほぐすようにして混ぜる。
◎よく混ぜたり、指先でこねたりしないでください。グルテンが出すぎて焼き縮みしたり、硬く焼き上がってしまいます。

2
指についた粉を取り、水分を吸った粉の大きい塊は軽くほぐす。

3
カードでボウルの端から端まで10回ほど軽く押し切る。5回繰り返す。

4
次に左手とカードで全体をすくうようにして返し、下のサラサラした粉を上に上げる。

5
サラサラした粉がほぼ見えなくなったら、表面に3回霧吹きで水をたっぷりとかけ、左手とカードで全体をひっくり返す。裏面にも同様に3回たっぷり霧吹きをしてさらにカードで押し切り続ける。

6
部分的に粉がまとまりかけてきたら、もう一度裏表たっぷりと霧吹きをする。

7
次に右手でパートゥを大きくまとめるように揉みながら、1つにまとめる。

8
塊を割ってみて、簡単にパラッと割れるようなら未だまとめ具合が不十分なので、さらに少し揉む。

9
さらにパートゥが割れなくなるほどに揉んでまとめる。

10
ビニール袋に入れ、上からしっかり押さえて割れているところがないようにカードで14cm角、厚さ3cmの正方形にし、冷蔵庫で1時間休ませる。

Pâte feuilletée rapide

9
冷やしておいたのし台やめん棒を準備する。

10
のし台の上に 8 のパートゥをおき、めん棒でパートゥを叩いて少し柔らかくする。バターが少しゴロゴロし、台やめん棒につきやすいのでこまめに打ち粉をする。

11
縦 45cm × 横 14cm にのす。

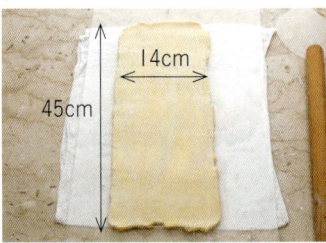

12
パートゥについた余分な粉を刷毛で払い、3つ折にする（1回目）。のしたパートゥの奥の両端をもって手前 1/3 を残して折り、次に手前の両端をもって、折った上に重ねる。

13
そのままの方向で上下にはめん棒をあてずに、少し高く保ちながら、縦 15cm になるまでのす。

14
90度向きを変え、めん棒で上下の端に軽く力を入れて押さえてパートゥがずれないようしてから縦 50cm になるまでのす。

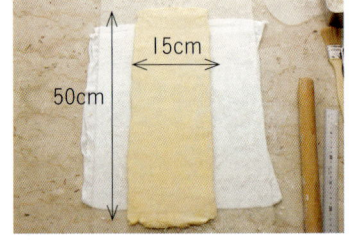

15
今度は4つ折りにする（2回目）。奥の両端をもって手前を 10cm ほど残して折り、次に手前の両端をもって奥から折った辺に合わせる。
◎パートゥの長さの半分のところで折ると、そこに粉が集まり、この部分がガリッとした歯触りになりやすいので、真ん中を外し、端の方でパートゥを重ねるように4つ折りにします（図①参照）

16
パートゥの真ん中をめん棒で押し、2つに折りやすいように、少し薄くする。さらに2つに折り重ねる。

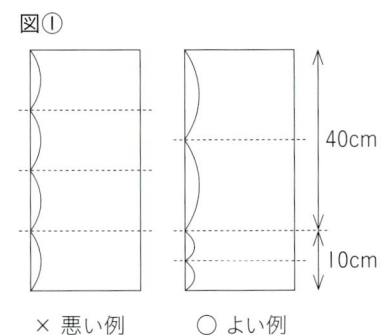

図①

× 悪い例　　○ よい例

17
ビニール袋に入れて冷蔵庫で1時間休ませて弾性を消し、パートゥをのびやすくする。

18
4つ折りしたパートゥの層が見える方を上下にし、めん棒で上下の端に軽く力を入れて押さえてパートゥがずれないようにしてから縦45cmにのす。

19
12と同様に3つ折りする（3回目）。

20
15と同様にして縦50cmにのし、今度は4つ折りする（4回目）。

21
さらに1時間以上休ませ、弾性を弱めてパートゥをのびやすくしてから整形する。

Pâte feuilletée rapidee | 193

クレーム・パティシィエール（カスタードクリーム）
Crème pâissière

作り方のポイント

クレーム・パティシィエールは栄養豊かな卵黄と牛乳で作るので、腐敗しやすいため十分に注意してください。十分に加熱することが大事です。また出来上がったクレームは、その日のうちに使うことが大事で、保存する場合は5℃以下の冷蔵庫で冷やしておきます。また粉をほぐした卵黄に混ぜる時、クレームを練る時にあまり強く混ぜすぎるとグルテンが多く生成され、冷えてからベットリした重い不快な舌触りになってしまいます。

材料
約650g 分

20g	強力粉
16g	薄力粉
400g	牛乳
3/5 本	バニラ棒
120g	卵黄
80g	グラニュー糖
20g	バター

下準備

（1）薄力粉と強力粉は合わせてふるっておく。

（2）バニラ棒は縦半分に裂き、プティクトーの背で中の種をこそげとる。
◎加える時は鞘ごと加えます。

（3）大きめのボウルに氷水を用意しておく。

作り方

1
銅ボウルに牛乳、縦半分に裂いたバニラ棒を鞘ごと入れて、弱火で加熱する。

2
ボウルに卵黄、グラニュー糖を入れて、グラニュー糖のジャリジャリ感がなくなり、少し白さが出るまでホイッパーで十分にほぐす。【直線反復】

3
2 に粉を加え、ホイッパーでボウルに沿ってゆっくりと10秒間に10回ぐらいの速さで混ぜる。【円】
粉の粒々がほとんど見えなくなったら、さらに同様に15回混ぜる。
◎決して必要以上に混ぜすぎないでください。混ぜすぎるとグルテンがより多く生成され、舌触りがベットリと重く、口溶けが悪くなり、卵黄やその他の味が舌にのらなくなります。
◎グルテンをなるべく出さないように混ぜます。グルテンは手早く、また長く混ぜるとより多く生成されます。

4
1が沸騰したら火を止めて、バニラ棒を取り出す。

5
3に4の1/3量を3回に分けて加え、グルテンが出ないようにホイッパーでゆっくり、しかし均一になるまで十分に混ぜる。【すくいあげ】

6
再び4を軽く沸騰させ、火を止めて5をホイッパーで軽くゆっくり混ぜながら、流し込み、さらにゆっくり混ぜる。【円】
◎もう一度牛乳を加熱し、十分に熱をためてから、卵黄と粉を混ぜたものを牛乳に加えて練ると、時間が短くなり、グルテンも出にくくなります。
◎余熱で部分的に早く煮えてしまって、クレームのかたまり(ダマ)が出来ても気にしないでください。

7
強めの火で加熱し、ホイッパーで練る。始めは焦げ付かない程度に出来るだけゆっくりと混ぜ、銅ボウルの周りの部分が硬くなり始めたら、滑らかになるまで少し手早く混ぜる。【円】
◎しかし強く混ぜてはいけません。次第に沸騰したようになりますが、ここで練るのをやめず、さらに15秒ほど練ります。
◎沸騰したように見えるところで火を止めると加熱が不十分となり、冷めてから間の抜けた水っぽい舌触りになり、また腐りやすくなります。

8
クレームが硬い状態から急に柔らかくなったら混ぜるのを止める。
◎またはクレームが底から激しく外れるようになったら火を止めます。

9
銅ボウルを火からおろし、バターをちぎって3回に分けて加える。バターが溶けて完全に見えなくなるまでホイッパーでゆっくり混ぜる。【円】
◎ここで手早く混ぜると水分を吸って膨れたでんぷんの膜が壊れ、水がもれ出て柔らかすぎる間の抜けた糊のような舌触りになります。

10
大きめのボウルに移し、氷水にあてながら木べらでゆっくり混ぜて20℃くらいまで冷やす。表面が乾かないようにラップをしておく。
◎冷めたクレーム・パティスィエールをプリンとしたコシのある状態にほぐすのは結構難しく、どうしても初めは柔らかすぎる状態までほぐしてしまいます。こうして氷水でゆっくり冷やすと、コシのある状態になりやすいです。
◎少し上手になったらバットに伸ばして表面にラップを直接ピッタリつけて20℃まで冷まします。これを木べらで手早く【平行だ円】で混ぜればコシのある状態までほぐせます。
◎あまりひんぱんに混ぜると柔らかすぎる間の抜けた舌触りになってしまいます。30秒間に1回くらいボウルに触れていて冷えた部分を熱い部分に軽く混ぜ込むくらいに混ぜます。
◎出来上がりの状態は、ボウルを揺するとクレームがブルンと揺れるくらいのコシのある状態がよいでしょう。

クレーム・オ・ブール（バタークリーム）
Crème au beurre

作り方のポイント
○ 作り方がシンプルなだけに、素材の善し悪しが全てです。香り、味わいが豊かな発酵バター、味わい豊かな卵黄、良質で自然な香りを持つバニラエッセンスを選びます。バニラエッセンスはマダガスカル産のバニラ棒からとった自然で甘い香りを持つものを使います。タヒチ産のバニラをよいと言う人がいますが、薬臭い匂いは多くの場合、お菓子作りには不向きです。
○ バターは決して泡立ててはいけません。ポマード状に柔らかくしたものをよく混ぜるだけです。空気が入ると口溶けが悪くなり、また、卵黄のリッチな味も舌にのりません。

> 保存方法：冷蔵庫で約1週間。

材料
約330g分

100g	グラニュー糖
33g	水
200g	バター
40g	卵黄
11滴	バニラエッセンス

下準備

(1) バターは少しテリが出るくらいの柔らかめのポマード状にしておく。

① バターは厚さ約1cmに切り、18cmボウルに重ならないように入れて室温に30分〜1時間おく。バターに指が軽く入るくらいが目安。

② 木べらで混ぜる場合は【平行楕円】で、ホイッパーで混ぜる場合は【円】で混ぜ、十分ツヤの出た柔らかさにする。

(2) 大きめのボウルに氷水を用意しておく。

作り方

1
小鍋にグラニュー糖、水を入れ、スプーンで混ぜる。刷毛に水をつけて鍋のうちがわについたグラニュー糖を完全に落とし、火にかける。112～113℃になったところで弱火にして117℃まで煮詰める。
◎鍋底に温度計をつけている時は119℃です。

2
卵黄をホイッパーで十分にほぐし【直線反復】、ホイッパーで円を描くように混ぜながら1を紐のように垂らしながら加える。裏ごしする。

3
2をハンドミキサー（ビーター1本）速度3番で2分泡立てる。

4
次に氷水にあて、速度2番で30秒～1分泡立てながら27～28℃まで冷ます（夏は25℃、冬は32～33℃）。

5
4にバターを3回ほどに分けて加え混ぜる。1回加えるごとにハンドミキサー（ビーター1本）速度2番で泡立たないように、ゆっくりめに反時計回りで十分に混ぜ、次を加えていく。
◎2回目までは少し分離したような状態になりますが、3回目で均一なポマード状になります。

6
バニラエッセンスを加え混ぜる。

7
ボウルに移し替え、ゴムべらでボウルの内側を払い、ホイッパーでもう一度十分に混ぜる。
◎すぐ使う場合はホイッパーでよく混ぜて少しツヤのある柔らかさまでクリーミーに均一にしてから使います。硬いようであればボウルの底をごく弱火で加熱してよく混ぜ、クリーミーにします。

8
冷蔵しておいたものを使う場合は、使う20分ほど前に約25℃の室温に出して柔らかくしてからホイッパーで混ぜる。混ぜる手が未だ重く感じ、滑らかにならない場合は、ボウルの底をごく弱火に1～2秒あてて強く混ぜて、出来たものの時のようにふっくらとクリーミーで少しテリがでるくらいまで柔らかくしてから使う。

Crème au beurre

クレーム・オ・ブール（キッチンエイド仕込み）

大量仕込みの作り方のポイント
考え方はハンドミキサーも卓上ミキサーも同じです。大事なことはバターを混ぜ込む時にケンミックスは速度0.8〜1、キッチンエイドは2番、20〜30コートのミキサーは常に低速で泡立てないように混ぜ込むことです。泡立つとクレームに気泡が出来、熱の伝導が悪くなり、短時間に口の中で溶けにくくなり、また溶けても泡に味わいが隠れてしまいます。

> 保存方法：冷蔵庫で約1週間。

材料
約580g分

170g	グラニュー糖
56g	水
68g	卵黄
340g	バター
1.4g	バニラエッセンス

下準備
（1）バターは少しテリが出るくらいの柔らかめのポマード状（→P196）にしておく。

作り方

1
小鍋にグラニュー糖、水を入れ、スプーンでよく混ぜる。

2
刷毛に水をつけて鍋の内側についたグラニュー糖を完全に落とし、火にかける。

3
小鍋にグラニュー糖と水を入れ、スプーンで軽く混ぜる。鍋の周りについて砂糖を刷毛で戻す。117℃に煮詰める。
◎鍋底に温度計をつけている時は110〜120℃です。

4
ボウルに卵黄を入れ、ホイッパーで混ぜる。【直線反復】

5
3を手早く加え、裏ごしする。

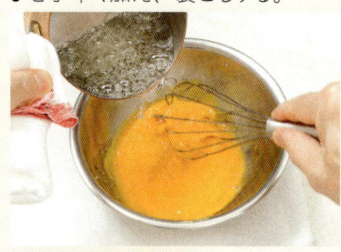

6
ミキサーボウルに移し替え、ホイッパーで最高速にして混ぜる。

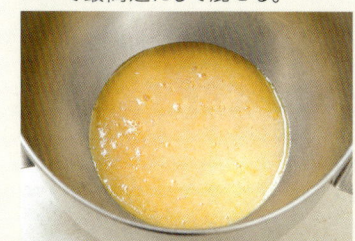

7
ホイッパーの跡がはっきりつくくらいにふっくらと泡立ったら低速にし、温度を27℃まで下げる。
◎急ぐ時は氷水の上で混ぜます。

8
27℃まで下がったらホイッパーからビーターに変え、低速で柔らかめのポマード状のバターを3回に分けて加え混ぜる。途中、それぞれボウルの内側をゴムべらで払う。

10
ボウルに移し替え、最後にバニラエッセンスを加え、ホイッパー【円】で混ぜる。

Crème au beurre | 199

クレーム・ダマンドゥ（アーモンドクリーム）
Crème d'amande

クレーム・ダマンドゥ（アーモンドクリーム）は、フランスではバター、卵などが日本のものとは比較にならないほど味わいが豊かなのでサワークリームやミルクパウダーを加えなくても、信じられないほど豊かな味わいを持ち、力と厚みのあるアーモンドの暖かさが口いっぱいに溢れ出します。しかし日本ではクレーム・ダマンドゥの特性を十分に理解して作らないと平坦な味わいになってしまいます。

作り方のポイント

○ クレーム・ダマンドゥは他のバターを使ったパートゥとはかなり異なります。バターに粉糖その他をきれいに混ぜ込もうとするとかえって味わいの乏しい焼き上がりになります。卵は後の方が少し分離するくらいの軽い混ざりの方が、味わいは豊かになります。それでも作ったその日はまだ全ての素材が混ざりすぎて味わいが出てきません。作ったその日には使わずに、一晩以上休ませてから使います。

○ クレーム・ダマンドゥの焼き加減はバターがにじんでしっとりとしたくらいが一番おいしいので、完全に白くなるまで焼いてはいけません。ごく浅めに、やっと固まったくらいに焼くことが大事です。そのためには高温（200〜220℃）で短時間で焼き上げなければなりません。一般的に言われている150〜170℃で焼いてしまうと、表面の焼き色がつかないうちに生地の中身がしっかりと固まってしまい、香ばしい、豊かな味わいは得られません。

> 保存方法：冷蔵庫で約1週間。
> ※あまり長くおくとそれぞれの素材が大きく分離してとても不快な焼き上がりになってしまいます。

材料
約350g分

100g	バター
80g	粉糖
54g	全卵
10g	卵黄
10g	サワークリーム
4g	ミルクパウダー（乳脂肪分26％）
11滴	バニラエッセンス
120g	アーモンドパウダー

下準備

（1）バターは厚さ1cmほどに切って18cmボウルに広げ、20〜30分ほどおき、すぐに木べらで混ぜられるほどの十分テリの出た柔らかいポマード状にする。

（2）全卵と卵黄は合わせてほぐしておく。

作り方

1
バターに粉糖を5回に分けて加え、手早く木べらで混ぜる。【平行だ円】1回加えるごとに10秒に15回ほどの速さで80回混ぜ、その都度ボウルの内側をゴムべらで払う。
◎あまり早く混ぜるとバターは本当に白っぽく泡立ち、出来上がりの味わいは失われますので注意します。

2
合わせてほぐした全卵と卵黄を10回に分けて加える。加えるごとに80回ほど同様に混ぜる。
◎パートゥ・シュクレに比べると全卵の量がとても多いので、4～5回目になってくると、だんだん全体が混ざりにくくなってきます。20回ほど混ぜたところで、必ずその都度ボウルの内側をゴムべらで払い、さらに50～60回ほど混ぜてから次を加えます。

3
全卵、卵黄が加わるにつれ、徐々に柔らかめになってくる。7～8回目頃になると、卵が少し分離してくる場合がある。
◎大体混ざればよく、決してきれいに混ぜ込む必要はありません。
◎かなり卵が分離して混ざりが悪い場合には、アーモンドパウダーを1にぎり加えて水分を吸収させても構いません。

4 サワークリーム、ミルクパウダーを順に加え、同様に混ぜる。
◎ミルクパウダーは粒のままで溶けませんが構いません。

5
バニラエッセンスを加えて混ぜ、ボウルの内側を払い、さらに30回混ぜる。

6
残りのアーモンドパウダーも加え混ぜる。途中でボウルの内側をゴムべらで払いながら、50回混ぜる。

🌙 **冷蔵庫で一晩休ませる**
◎作ったばかりでは、それぞれの素材同士がよく混ざりすぎているため、焼いた時に味、香りが十分にでてきません。一晩休ませると、それぞれの成分が適度に分離してきて、味わいはとても豊かに焼きあがります。

8
使う時は必要量をボウルに取り、25℃ほどのところに15分ほど置き、少しだけ柔らかくし、木べらですりつぶすようにして絞りやすい硬さにする。
◎しかし柔らかくしすぎるとバターがより多くもれ出し、少し油っぽい舌触りとなるので注意してください。

Crème d'amande

ムラング・イタリエンヌ
Meringue italienne

生クリームやババロアなどに加えるムラングはビスキュイなどに使う普通のムラング・オルディネールではダメです。このムラングは泡立ててから放置するとすぐに泡がつぶれ始め、元の卵白液に戻っていきます。これがババロアやムースからもれ出てくるとベットリとした不快な舌触りになります。また時間の経った生の卵白は細菌が繁殖していて衛生上よくありません。必ずムラング・イタリエンヌを使います。これは泡立ったムラングに117℃に煮詰めたシロップを加え、その熱で卵白を半煮えの状態にします。これによって生じたさらなるとろみがゼラチンと同じような働きをし、混ぜなければ何時間経っても泡はつぶれません。おいしさが長持ちします。また卵白を60℃以上に熱することによって腐敗菌を殺します（パストゥリゼ）。これは冷蔵庫など未だなかった頃に腐敗しにくいムラングをという要請によって考えだされたとのことです。

作り方のポイント

ムラング・イタリエンヌもハンドミキサーで泡立てます。泡立ての基本で述べたように、卵白は最低30gから作ります。卵白60g以下の場合は手つき中ボウルを使い、ハンドミキサーにビーター1本つけて泡立てます。卵白60g以上の場合は深大ボウルを使い、ハンドミキサーにビーター2本つけて泡立てます。

ハンドミキサーで泡立てる場合は必ず乾燥卵白を加えます。ビーターは薄く鋭いので、卵白を細かく寸断します。そのため熱いシロップを加えると、量の多すぎるつぶれやすい泡、いわゆるボカ立ちになってしまいます。乾燥卵白は卵白の粘度を増してボカ立ちを押さえます。ハンドミキサーで、乾燥卵白を加えて作ったムラング・イタリエンヌは気泡量が多すぎず、コシのある混ざりやすい出来上がりになり、プロのパティスィエが出来ないような難しいお菓子もイル・プルー・シュル・ラ・セーヌのお菓子教室では誰もが難なく出来てしまいます。

材料
出来上がり量約580g

30g	卵白（水様化したもの→P22）
5g	グラニュー糖A
3g	乾燥卵白
45g	グラニュー糖B
15g	水

下準備

（1）水を入れた容器にスプーンと刷毛、200℃計を準備しておく。

（2）水様化した卵白は冷蔵庫でボウルごと10℃に冷やしておく。
◎卵白は0℃近くに冷やしすぎると煮詰めたシロップを加えてもムラングの熱が不足して60℃以上にならず、卵白にとろみがつかず、またパストゥリゼもされません。また卵白の温度が20℃くらいではムラングは気泡量の多すぎるボカ立ちになります。ボウルごと10℃ほどに冷やしておきます。

作り方

1
小鍋にグラニュー糖B、水を入れ、スプーンでよく混ぜる。

2
刷毛に水をつけて鍋の内側についたグラニュー糖を完全に落とし、火にかける。

3
シロップが沸騰し始めたところでもう一度スプーンでよく混ぜ合わせ、刷毛に水をつけて鍋の内側についたグラニュー糖を落とす。
◎沸騰してから煮詰めていくと水は蒸発して少なくなり、本当は溶けない砂糖が溶けている過飽和状態になります。この時に砂糖の粒やチリなどの不純物が多く含まれているとそれが核になり、煮詰めている最中に再結晶して固まり、シロップに加えることが出来ません。

4
10℃に冷やしておいた卵白にグラニュー糖A、乾燥卵白を加え、ハンドミキサー（ビーター1本）の速度2番で1分→速度3番で1分30秒泡立てる。

5
4の泡立てが終わる時間（10秒前後のずれは構わない）に合わせて3のシロップを119℃になるように火加減を調整して煮詰める。

6
十分に泡立てたムラングに、119℃に煮詰めたシロップを手早く太い紐状に垂らしていく。
◎味に影響はありませんが、ビーターが動いていないところにたらすとムラングが完全に煮えて固まり小さな粒が出来やすくなります。

7
シロップを入れ終わったら速度3番でさらに1分撹拌する。シロップはムラングに浸透していき、つぶれにくい強い泡になる。

8
出来上がったムラング・イタリエンヌは、ババロアズやムースなどに使う場合は、早く冷えるように必要量をバットに移してのばし、温度計を差して冷蔵庫か冷凍庫で0℃まで冷やしておく。
◎0℃になったら必ず冷蔵庫に移します。ムラングが凍ると混ざりにくく、またつぶれやすくなります。また出来るだけ15分以内に使うようにします。あまり長くおくとムラングは混ざりにくく、またつぶれやすくなっていきます。15分以内を目安にします。

Meringue italienne | 203

弓田亨が自らの足と舌で捜した
イル・プルー・シュル・ラ・セーヌの秀逸そのものの素材

ここに記された素材を知らずにお菓子を作るのはとても不幸なことです。

本書で使用し、弊社輸入販売部、インターネット通信販売、直営店エピスリーで購入できる材料です（→ P207）。

私が捜し出したフルーツブランディ、リキュールは私共の孤高のおいしさには不可欠のものであり、他のもので作ることは出来ません。

●ルゴル社　フランス
○ ダークラム（700ml／30ml）
豊かで深みのある香り、味わいがお菓子に十分な力強さを与えます。アルコール度数54。

○ キルシュ（700ml／30ml）
さくらんぼうを発酵させ、2度蒸留して熟成させたもの。そのひるがえる香りは正に神の恵み。アルコール度数45。

○ オランジュ 60°（700ml）
イスラエル産のビターオレンジの皮を漬け込んだ深く豊かな香りを持つオレンジのリキュール。アルコール度数60。

●ジョアネ社　フランス
○ カシスリキュール（クレーム・ドゥ・カシス）（1000ml）
コートゥ・ドールの豊かなミネラルに支えられた深い味わい。キールロワイヤル等のアペリティフにも最適です。アルコール度数16。

○ フランボワーズリキュール（1000ml）
コートゥ・ドールの土の恵みをそのままたたえたフランボワーズのリキュールも絶品。アルコール度数18。

●ザ・ラムカンパニー　ジャマイカ
○ ホワイトラム（JB）（750ml）
ジャマイカ産のさとうきびを発酵、蒸留させて作ったもの。南国のラムらしい清々しい香りが特徴。アルコール度数63。

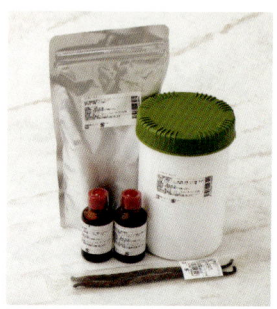

●セバロム社　フランス
○ シュークル・ヴァニエ（500g／8g×10）
グラニュー糖にバニラエッセンスを混ぜたもの。バニラシュガー。

○ バニラ棒（2本入り）
マダガスカル産の豊かで途切れのない香りは、お菓子全体の味わいを高めるために必要。

○ バニラエッセンス（25g）
マダガスカル産のバニラ棒から抽出した一番搾り。バニラの善し悪しがお菓子のおいしさを劇的に変えます。

○ コーヒーエッセンス（25g）
ビスキュイやババロアなどにコーヒーの豊かな味わいを与えます。

○ オレンジコンパウンド（1kg／100g）
天然素材を中心に作られたコンパウンド。味や香りが共に強くなり、自然な風味を表現出来ます。

スペイン、カタルーニャのアーモンド、ヘーゼルナッツ、フランスのくるみ。これがなくてはイル・プルーの味わいは再現出来ません。

●アリクサ社　スペイン
○ アーモンド（ホウル皮付き、ホウル皮むき、ダイス、パウダー）
スペイン、カタルーニャ地方レリダの秀逸なアーモンド。香り、味わいは極めつけの豊かさ。このアーモンドなくしては、特にシンプルな焼き菓子はフランスと同じ味わいを作り出すことは出来ません。

●アリクサ社　スペイン
○ 松の実、ヘーゼルナッツ（ホウル、パウダー）
味わいも豊かなスペイン産松の実とヘーゼルナッツ。

●セルノ社　フランス
○ くるみ
肉厚で渋皮は薄く、他とは比較にならないほどお菓子の味わいが深くなるフランス産くるみ。

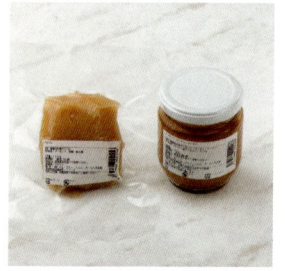

○ ローマジパン、アーモンドローストペースト
スペイン産アーモンドを、弓田亨がイメージする味わいに合わせて国内で独自加工。

フランス・ペック社のショコラ、プラリネは信じられぬほどのおいしさを持つ逸品。
お菓子の表情が劇的に変わります。

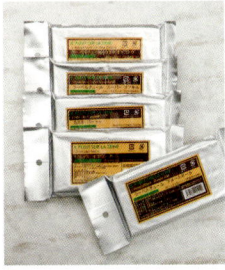

●ペック社　フランス
○クーベルチュール　アメール・オール（1kg／200g）
カカオ分 66%・スイートチョコレート
○クーベルチュール　スーパー・ゲアキル（1kg／200g）
カカオ分 64%・スイートチョコレート
○カカオパートゥ（パートゥ・ドゥ・カカオ）（1kg／200g）
カカオマス 100%
○クーベルチュール　ラクテ・エクストラ（1kg／200g）
カカオ分 37%・ミルクチョコレート
○イボワール（1kg／200g）
カカオ分 31%・ホワイトチョコレート（全脂粉乳使用）

○クーベルチュール　ベネズエラ（1kg）
カカオ分 70%・セミスイートチョコレート
○クーベルチュール　ペルー（1kg）
カカオ分 70%・セミスイートチョコレート

○パータ・グラッセ・ブリュンヌ（5kg／200g）
上がけ用スイートチョコレート
○パータ・グラッセ・イボワール（5kg／200g）
上がけ用ホワイトチョコレート
○カカオバター（1kg／200g）
カカオバター 100%
○ジャンドゥージャ（2.5kg／250g）
ヘーゼルナッツをペースト状にしたもの。ジャンドゥーヤ。

○ココア（1kg／200g）
カカオプードル。特に深いロースト色で粒子が細かい。ココアの深い香りがしっかり生きてきます。

○プラリネ・アマンドゥ、プラリネ・ノワゼットゥ
（各 5kg／200g）
グラニュー糖をキャラメル状に焦がしてキツネ色に焼いたアーモンド、ヘーゼルナッツを加えてペースト状になるまで挽いたもの。

私のイメージに寸分たがわぬ味わいを持つ、
豊穣の極みの味わいの栗、ドライフルーツ。

●クフィドゥー社　フランス
○ドライ・プルーン（500g）
○ドライ・ポワール（500g）

●ハザル社　トルコ
○サルタナ・レーズン（1kg／150g）
○ドライ・イチジク（1kg／約 200g）
アルザス地方のクリスマスにビルヴェッカに欠かせないドライ・ポワールや、フランス・アジャン産のプルーン。トルコ・イズミール地方のサルタナ・レーズンやドライ・イチジク。

●ホセ・ポサダ社　スペイン
○パートゥ・ドゥ・マロン（マロンペースト）（1kg）
栗にバニラ、砂糖を加え、ペースト状にしたものです。栗の含有率 80%、糖度 55%。

フルーツの原産地を厳しく選び、
力強く、新鮮な香り、味わいを持つフルーツのピューレは
十分すぎるほど味わいの主役をこなします。

●アブチュニオン社
フランス
○冷蔵フルーツピューレ（1kg）
力強い味わいの冷蔵フルーツピューレです。カシス、アプリコット、パッションフルーツ、フランボワーズ。

主役を支える名脇役もまた、
至福の極みの味わい。

●レジレ社　フランス
○ミルクパウダー（1kg）
乳脂肪分 26%の全脂粉乳使用のミルクパウダー。味わいに一層の豊かさが生まれます。

●オージェ社　フランス（1kg／110g）
○蜂蜜（ラベンダー、百花蜜、プロヴァンス）
南フランス、プロヴァンス地方で作られた天然蜂蜜。クッキーなどに印象的な味わいを与えます。

作る

パティスリー
イル・プルー・シュル・ラ・セーヌ

他のどこも真似の出来ない
孤高のフランス菓子を作り続ける
〔店はここ代官山だけ。他には出しません〕

1986年12月の開店以来、「フランスとは風土も素材も異なる日本で、多様性・多重性にあふれるフランス菓子を作る」という弓田亨の信念のもと、誰もが孤高のおいしさと認めるフランス菓子を作り続けてきました。どのお菓子も時代に流されない、食べる人の五感を揺さぶる味わいです。
店内では季節ごとのオリジナルのケーキ、定番のフランス伝統菓子、プティショコラ、ヴィエノワズリー、トレトゥール（お惣菜）、そして本書で紹介されている焼き菓子も毎日奥の厨房で作られています。店内でしか味わえないデセールなどもございます。ぜひ一度、足をお運びください。

常に最高の味わいをお客様に提供することに誇りと自戒の意味を込め、敢えて「日本一おいしい」と看板を掲げるパティスリーには、プロもお客様も認める「孤高のおいしさ」があります。

教える

嘘と迷信のない
フランス菓子・料理教室

弓田亨が自ら指導。
パティスリーの味を自分の手で再現できます。

1988年開講以来、生徒さんとの実践の中で少量のためのお菓子作りの技術を築いてきました。決して上手な人のための技術ではありません。初心者のための技術なのです。向かいのパティスリーに並ぶお菓子と同じものを、同じおいしさで、初心者の人にも短期間で確実に作らせてしまうのです。入学して半年もすると、イル・プルー・シュル・ラ・セーヌのお菓子と自分が作ったお菓子以外は食べられなくなってしまいます。また殆ど初心者だった方が確かな技術に自信を持ち、2〜3年後にお店を出す、そんなことも可能にしてしまう、正に神業的な教室なのです。

通年クラス

フランス菓子本科第Ⅰクール
1回の授業で2〜3台のアントルメをお一人で1台ずつお作りいただきます。
楽しく洋菓子科（旧：入門速成科）
誰でも簡単にショートケーキやモンブランが作れるよう指導します。
フランス料理
手間を惜しまない、本格的なフランス料理が学べます。

特別講習会

弓田亨 新作菓子発表会「イル・プルーの一年」
ドゥニ・リュッフェル氏
「フランス菓子・料理技術講習会」毎年夏開催

単発講習会

マカロン講習会、シフォンケーキ講習会、ごはんとおかずのルネサンス講習会 他

この他にも体験レッスン、無料見学などあり。
お気軽に教室（TEL **03-3476-5196**）まで
お問合せください。

パティスリー、教室とも詳しくは鮮烈さに満ちたホームページをご覧ください。
http://www.ilpleut.co.jp/

素材の開拓

製菓材料輸入販売

フランス菓子の味わいを知り尽くした菓子職人が選びぬいた、
秀逸な素材をヨーロッパからお届けします。
ここには貴方の常識を超えた素材があります。

> 十数年前、どうしてもフランスと同じ品質、おいしさを持つ素材を使って、この日本で本当においしいフランス菓子を作りたいという思いから、輸入業務という全く未知の分野に飛び込みました。自分なりの「フランス的な味わい」を執拗に追求しつつ、パティスィエとしての全ての知識と経験のもとに、執念をもってフランス、スペインで探し当てた素材はどれも抜きん出たものばかりです。
> 様々な困難の中でも常に菓子屋の鋭い視点で集めた秀逸な素材を一人でも多くの人に見て頂きたいのです。そして素晴らしい素材でのお菓子作りが、とても刺激的なものであり、パティスィエとしての人生を彩りあるものにしてくれるかを知ってほしいのです。
>
> 弓田亨

チョコレート（フランス・ベック社）
アーモンド（スペイン・アリクサ社）
リキュール（フランス・ルゴル社、ジョアネ社、テブノ社 他）

＊上記商品はほんの一例です。この他ドライフルーツ、ピューレ、エッセンス等多数ございます。

エピスリー　イル・プルー・シュル・ラ・セーヌ

心と身体がよろこぶ、本当のおいしさに、
直接見て、触れて、試せる、製菓材料店。

2009年秋に恵比寿から代官山の教室内に移転。これまで以上に、パティスリー、教室と連動し、本当においしい素材を手に取って確かめられる店として再スタートしました。
イル・プルーのお菓子作りに必要な、弓田亨が自ら捜し集めた秀逸な素材の他、近年力を入れている日本の家庭料理「ごはんとおかずのルネサンス」のための、栄養素豊かな昔ながらの乾物などの素材も並んでいます。
イル・プルーのお菓子作り、ルネサンスごはんに精通したスタッフが、丁寧に応対いたします。ぜひ一度お立ち寄りください。

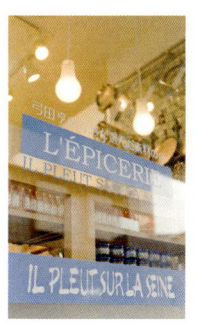

伝える

お菓子屋さんが出版社！

プロ、プロ志向、お菓子作りが好きな方々のため、常に限界を超えようとする、存在をかけた本作りを目指しています。

各種お問合せ先

お菓子のことなら・・・
パティスリー
TEL　03-3476-5211
FAX　03-3476-5212
営業時間　11：30-19：30
　　　火曜休（祝日の場合は翌日振替）
☆ギフトのご注文はネットからも承ります。

講習会のことなら・・・
教室
TEL　03-3476-5196
FAX　03-3476-5197
☆単発講習会などのお申込みは
　ネットからも承ります。

材料のことなら・・・
エピスリー
TEL　03-3476-5160
営業時間　11：30-19：30
　　　火曜休（祝日の場合は翌日振替）
インターネット通販
エピスリー楽天ショップ OPEN
http://www.rakuten.co.jp/ilpleut

☆ご注文、カタログのご請求、お問合せは
　下記の輸入販売部 TEL、FAXへ。

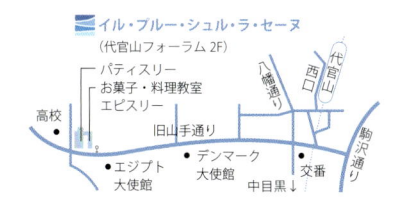

イル・プルー・シュル・ラ・セーヌ
（代官山フォーラム 2F）

〒150-0033
東京都渋谷区猿楽町17-16
代官山フォーラム 2F
アクセス　東急東横線「代官山」駅下車、
　　　　　徒歩5分
　　　　　東急バス・トランセ
　　　　　「代官山フォーラム前」下車、すぐ。

プロ向け製菓材料のことなら・・・
輸入販売部
TEL　03-3476-5195
FAX　03-3476-3772

書籍のことなら・・・
出版部
TEL　03-3476-5214
FAX　03-3476-3772
E-mail　edition@ilpleut.co.jp
☆全国書店にてお買い求めいただけます。

すべての詳細は
http://www.ilpleut.co.jp

Staff
撮影　工藤ケイイチ（ブリッジ）
ブックデザイン　小林直子（ウムラウト）
プリンティングディレクター　石川清人（DNP）
校正　横山せつ子

調理アシスタント　山崎かおり、長谷川有希、高嶋愛、鈴木昌美
編集　中村方映

贈られるお菓子に真実の幸せを添えたい
孤高の味わいを作り上げた心の歴史とともに

著者　弓田亨

初版1刷発行　2012年11月22日

発行者　弓田亨
発行所　株式会社イル・プルー・シュル・ラ・セーヌ企画
〒150-0033　東京都渋谷区猿楽町17-16　代官山フォーラム2F
http://www.ilpleut.co.jp

印刷・製本　大日本印刷株式会社

書籍に関するお問い合わせは出版部へ
〒150-0021　東京都渋谷区恵比寿西1-16-8　彰和ビル2F
TEL：03-3476-5214　FAX：03-3476-3772
edition@ilpleut.co.jp

※定価はカバーに表示してあります。
※本書の内容を無断で転載・複製することを禁じます。
※落丁・乱丁本はお取り換え致します。

Copylight © 2012　Il Pleut Sur La Seine Kikaku. Co., Ltd.
Printed in Japan　ISBN 978-4-901490-30-6